En attendant
Godot

SAMUEL BECKETT

En attendant Godot

PIÈCE EN DEUX ACTES

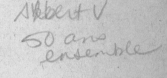

LES ÉDITIONS DE MINUIT

Il a été tiré de cette édition
30 exemplaires sur alfama
numérotés de 1 à 30 et 5
exemplaires hors commerce
marqués H.C.

« *En attendant Godot* » *a été créé le 5 janvier 1953 au Théâtre Babylone, dans une mise en scène de Roger Blin et avec la distribution suivante :*

Estragon.	Pierre LATOUR.
Vladimir.	Lucien RAIMBOURG.
Lucky.	Jean MARTIN.
Pozzo.	Roger BLIN.
Un jeune garçon.	Serge LECOINTE.

ACTE PREMIER

ACTE PREMIER

Route à la campagne, avec arbre.

Soir.

Estragon, assis par terre, essaie d'enlever sa chaussure. Il s'y acharne des deux mains, en ahanant. Il s'arrête, à bout de forces, se repose en haletant, recommence. Même jeu.

Entre Vladimir.

ESTRAGON (*renonçant à nouveau*). — Rien à faire.

VLADIMIR (*s'approchant à petits pas raides, les jambes écartées*). — Je commence à le croire. (*Il s'immobilise.*) J'ai longtemps résisté à cette pensée, en me disant, Vladimir, sois raisonnable.

tu n'as pas encore tout essayé. Et je reprenais le combat. (*Il se recueille, songeant au combat. A Estragon.*) — Alors, te revoilà, toi.

ESTRAGON. — Tu crois ?

VLADIMIR. — Je suis content de te revoir. Je te croyais parti pour toujours.

ESTRAGON. — Moi aussi.

VLADIMIR. — Que faire pour fêter cette réunion ? (*Il réfléchit.*) Lève-toi que je t'embrasse. (*Il tend la main à Estragon.*)

ESTRAGON (*avec irritation*). — Tout à l'heure, tout à l'heure.

Silence.

VLADIMIR (*froissé, froidement*). — Peut-on savoir où Monsieur a passé la nuit ?

ESTRAGON. — Dans un fossé.

VLADIMIR (*épaté*). — Un fossé ! Où ça ?

ESTRAGON (*sans geste*). — Par là.

VLADIMIR. — Et on ne t'a pas battu ?

ESTRAGON. — Si... Pas trop.

VLADIMIR. — Toujours les mêmes ?

ESTRAGON. — Les mêmes ? Je ne sais pas.

Silence.

VLADIMIR. — Quand j'y pense... depuis le temps... je me demande... ce que tu serais devenu... sans moi... (*Avec décision.*) Tu ne serais plus qu'un petit tas d'ossements à l'heure qu'il est, pas d'erreur.

ESTRAGON (*piqué au vif*). — Et après ?

VLADIMIR (*accablé*). — C'est trop pour un seul homme. (*Un temps. Avec vivacité.*) D'un autre côté, à quoi bon se décourager à présent, voilà ce que je me dis. Il fallait y penser il y a une éternité, vers 1900.

ESTRAGON. — Assez. Aide-moi à enlever cette saloperie.

VLADIMIR. — La main dans la main on se serait jeté en bas de la Tour Eiffel, parmi les premiers. On portait beau alors. Maintenant il est trop tard. On ne nous laisserait même pas monter. (*Estragon s'acharne sur sa chaussure.*) Qu'est-ce que tu fais ?

ESTRAGON. — Je me déchausse. Ça ne t'est jamais arrivé, à toi ?

VLADIMIR. — Depuis le temps que je te dis qu'il faut les enlever tous les jours. Tu ferais mieux de m'écouter.

ESTRAGON (*faiblement*). — Aide-moi !

VLADIMIR. — Tu as mal ?

ESTRAGON. — Mal ! Il me demande si j'ai mal !

VLADIMIR (*avec emportement*). — Il n'y a

jamais que toi qui souffres ! Moi je ne compte pas. Je voudrais pourtant te voir à ma place. Tu m'en dirais des nouvelles.

ESTRAGON. — Tu as eu mal ?

VLADIMIR. — Mal ! Il me demande si j'ai eu mal !

ESTRAGON (*pointant l'index*). — Ce n'est pas une raison pour ne pas te boutonner.

VLADIMIR (*se penchant*). — C'est vrai. (*Il se boutonne.*) Pas de laisser-aller dans les petites choses.

ESTRAGON. — Qu'est-ce que tu veux que je te dise, tu attends toujours le dernier moment.

VLADIMIR (*rêveusement*). — Le dernier moment... (*Il médite.*) C'est long, mais ce sera bon. Qui disait ça ?

ESTRAGON. — Tu ne veux pas m'aider ?

VLADIMIR. — Des fois je me dis que ça vient quand même. Alors je me sens tout drôle. (*Il ôte son chapeau, regarde dedans, y promène sa main, le secoue, le remet.*) Comment dire ? Soulagé et en même temps... (*il cherche*) ...épouvanté. (*Avec emphase.*) E-POU-VAN-TÉ. (*Il ôte à nouveau son chapeau, regarde dedans.*) Ça alors ! (*Il tape dessus comme pour en faire tomber quelque chose, regarde à nouveau dedans, le remet.*) Enfin...

(*Estragon, au prix d'un suprême effort, parvient à enlever sa chaussure. Il regarde dedans, y promène sa main, la retourne, la secoue, cherche par terre s'il n'en est pas tombé quelque chose, ne trouve rien, passe sa main à nouveau dans sa chaussure, les yeux vagues*). — Alors ?

ESTRAGON. — Rien.

VLADIMIR. — Fais voir.

ESTRAGON. — Il n'y a rien à voir.

VLADIMIR. — Essaie de la remettre.

ESTRAGON (*ayant examiné son pied*). — Je vais le laisser respirer un peu.

VLADIMIR. — Voilà l'homme tout entier, s'en prenant à sa chaussure alors que c'est son pied le coupable. (*Il enlève encore une fois son chapeau, regarde dedans, y passe la main, le secoue, tape dessus, souffle dedans, le remet.*) Ça devient inquiétant. (*Silence. Estragon agite son pied, en faisant jouer les orteils, afin que l'air y circule mieux.*) Un des larrons fut sauvé. (*Un temps.*) C'est un pourcentage honnête. (*Un temps.*) Gogo...

ESTRAGON. — Quoi ?

VLADIMIR. — Si on se repentait ?

ESTRAGON. — De quoi ?

VLADIMIR. — Eh bien... (*Il cherche.*) On n'aurait pas besoin d'entrer dans les détails.

ESTRAGON. — D'être né ?

*Vladimir part d'un bon rire qu'il réprime aus-
sitôt, en portant sa main au pubis, le visage
crispé.*

VLADIMIR. — On n'ose même plus rire.

ESTRAGON. — Tu parles d'une privation.

VLADIMIR. — Seulement sourire. (*Son visage
se fend dans un sourire maximum qui se fige,
dure un bon moment, puis subitement s'éteint.*)
Ce n'est pas la même chose. Enfin... (*Un temps.*)
Gogo...

ESTRAGON (*agacé*). — Qu'est-ce qu'il y a ?

VLADIMIR. — Tu as lu la Bible ?

ESTRAGON. — La Bible... (*Il réfléchit.*) J'ai dû
y jeter un coup d'œil.

VLADIMIR (*étonné*). — A l'école sans Dieu ?

ESTRAGON. — Sais pas si elle était sans ou
avec.

VLADIMIR. — Tu dois confondre avec la
Roquette.

ESTRAGON. — Possible. Je me rappelle les
cartes de la Terre-Sainte. En couleur. Très jolies.
La Mer-Morte était bleu pâle. J'avais soif rien
qu'en la regardant. Je me disais, c'est là que nous

irons passer notre lune de miel. Nous nagerons.
Nous serons heureux.

VLADIMIR. — Tu aurais dû être poète.

ESTRAGON. — Je l'ai été. (*Geste vers ses haillons.*) Ça ne se voit pas ?

Silence.

VLADIMIR. — Qu'est-ce que je disais... Comment va ton pied ?

ESTRAGON. — Il enfle.

VLADIMIR. — Ah oui, j'y suis, cette histoire de larrons. Tu t'en souviens ?

ESTRAGON. — Non.

VLADIMIR. — Tu veux que je te la raconte ?

ESTRAGON. — Non.

VLADIMIR. — Ça passera le temps. (*Un temps.*) C'étaient deux voleurs, crucifiés en même temps que le Sauveur. On...

ESTRAGON. — Le quoi ?

VLADIMIR. — Le Sauveur. Deux voleurs. On dit que l'un fut sauvé et l'autre... (*il cherche le contraire de sauvé*) ...damné.

ESTRAGON. — Sauvé de quoi ?

VLADIMIR. — De l'enfer.

ESTRAGON. — Je m'en vais. (*Il ne bouge pas.*)

VLADIMIR. — Et cependant... (*Un temps.*)

Comment se fait-il que... Je ne t'ennuie pas, j'espère.

ESTRAGON. — Je n'écoute pas.

VLADIMIR. — Comment se fait-il que des quatre évangélistes un seul présente les faits de cette façon ? Ils étaient cependant là tous les quatre — enfin, pas loin. Et un seul parle d'un larron de sauvé. (*Un temps.*) Voyons, Gogo, il faut me renvoyer la balle de temps en temps.

ESTRAGON. — J'écoute.

VLADIMIR. — Un sur quatre. Des trois autres, deux n'en parlent pas du tout et le troisième dit qu'ils l'ont engueulé tous les deux.

ESTRAGON. — Qui ?

VLADIMIR. — Comment ?

ESTRAGON. — Je ne comprends rien... (*Un temps.*) Engueulé qui ?

VLADIMIR. — Le Sauveur.

ESTRAGON. — Pourquoi ?

VLADIMIR. — Parce qu'il n'a pas voulu les sauver.

ESTRAGON. — De l'enfer ?

VLADIMIR. — Mais non, voyons ! De la mort.

ESTRAGON. — Et alors ?

VLADIMIR. — Alors ils ont dû être damnés tous des deux.

ESTRAGON. — Et après ?

VLADIMIR. — Mais l'autre dit qu'il y en a eu un de sauvé.

ESTRAGON. — Eh bien ? Ils ne sont pas d'accord, un point c'est tout.

VLADIMIR. — Ils étaient là tous les quatre. Et un seul parle d'un larron de sauvé. Pourquoi le croire plutôt que les autres ?

ESTRAGON. — Qui le croit ?

VLADIMIR. — Mais tout le monde. On ne connaît que cette version-là.

ESTRAGON. — Les gens sont des cons.

Il se lève péniblement, va en boitillant vers la coulisse gauche, s'arrête, regarde au loin, la main en écran devant les yeux, se retourne, va vers la coulisse droite, regarde au loin. Vladimir le suit des yeux, puis va ramasser la chaussure, regarde dedans, la lâche précipitamment.

VLADIMIR. — Pah ! *(Il crache par terre.)*

Estragon revient au centre de la scène, regarde vers le fond.

ESTRAGON. — Endroit délicieux. *(Il se retourne, avance jusqu'à la rampe, regarde vers le pu-*

blic.) Aspects riants. (*Il se tourne vers Vladimir.*) Allons-nous-en.

VLADIMIR. — On ne peut pas.

ESTRAGON. — Pourquoi ?

VLADIMIR. — On attend Godot.

ESTRAGON. — C'est vrai. (*Un temps.*) Tu es sûr que c'est ici ?

VLADIMIR. — Quoi ?

ESTRAGON. — Qu'il faut attendre.

VLADIMIR. — Il a dit devant l'arbre. (*Ils regardent l'arbre.*) Tu en vois d'autres ?

ESTRAGON. — Qu'est-ce que c'est ?

VLADIMIR. — On dirait un saule.

ESTRAGON. — Où sont les feuilles ?

VLADIMIR. — Il doit être mort.

ESTRAGON. — Finis les pleurs.

VLADIMIR. — A moins que ce ne soit pas la saison.

ESTRAGON. — Ce ne serait pas plutôt un arbrisseau ?

VLADIMIR. — Un arbuste.

ESTRAGON. — Un arbrisseau.

VLADIMIR. — Un — (*Il se reprend*). Qu'est-ce que tu veux insinuer ? Qu'on s'est trompé d'endroit ?

ESTRAGON. — Il devrait être là.

VLADIMIR. — Il n'a pas dit ferme qu'il viendrait.

ESTRAGON. — Et s'il ne vient pas ?

VLADIMIR. — Nous reviendrons demain.

ESTRAGON. — Et puis après-demain.

VLADIMIR. — Peut-être.

ESTRAGON. — Et ainsi de suite.

VLADIMIR. — C'est-à-dire...

ESTRAGON. — Jusqu'à ce qu'il vienne.

VLADIMIR. — Tu es impitoyable.

ESTRAGON. — Nous sommes déjà venus hier.

VLADIMIR. — Ah non, là tu te goures.

ESTRAGON. — Qu'est-ce que nous avons fait hier ?

VLADIMIR. — Ce que nous avons fait hier ?

ESTRAGON. — Oui.

VLADIMIR. — Ma foi... (Se fâchant.) Pour jeter le doute, à toi le pompon.

ESTRAGON. — Pour moi, nous étions ici.

VLADIMIR (regard circulaire). — L'endroit te semble familier ?

ESTRAGON. — Je ne dis pas ça.

VLADIMIR. — Alors ?

ESTRAGON. — Ça n'empêche pas.

VLADIMIR. — Tout de même... cet arbre... (*se tournant vers le public*) ...cette tourbière.

ESTRAGON. — Tu es sûr que c'était ce soir ?

VLADIMIR. — Quoi ?

ESTRAGON. — Qu'il fallait attendre ?

VLADIMIR. — Il a dit samedi. (*Un temps.*) Il me semble.

ESTRAGON. — Après le turbin.

VLADIMIR. — J'ai dû le noter. (*Il fouille dans ses poches, archibondées de saletés de toutes sortes.*)

ESTRAGON. — Mais quel samedi ? Et sommes-nous samedi ? Ne serait-on pas plutôt dimanche ? Ou lundi ? Ou vendredi ?

VLADIMIR (*regardant avec affolement autour de lui, comme si la date était inscrite dans le paysage*). — Ce n'est pas possible.

ESTRAGON. — Ou jeudi.

VLADIMIR. — Comment faire ?

ESTRAGON. — S'il s'est dérangé pour rien hier soir, tu penses bien qu'il ne viendra pas aujourd'hui.

VLADIMIR. — Mais tu dis que nous sommes venus hier soir.

ESTRAGON. — Je peux me tromper. (*Un temps.*) Taisons-nous un peu, tu veux ?

VLADIMIR (*faiblement*). — Je veux bien.
(*Estragon se rassied par terre. Vladimir arpente
la scène avec agitation, s'arrête de temps en
temps pour scruter l'horizon. Estragon s'endort.
Vladimir s'arrête devant Estragon.*) Gogo...
(*Silence.*) Gogo... (*Silence.*) GOGO !

        Estragon se réveille en sursaut.

ESTRAGON (*rendu à toute l'horreur de sa
situation.*) Je dormais. (*Avec reproche.*) Pourquoi tu ne me laisses jamais dormir ?

VLADIMIR. — Je me sentais seul.

ESTRAGON. — J'ai fait un rêve.

VLADIMIR. — Ne le raconte pas !

ESTRAGON. — Je rêvais que...

VLADIMIR. — NE LE RACONTE PAS !

ESTRAGON (*geste vers l'univers*). — Celui-ci
te suffit ? (*Silence.*) Tu n'es pas gentil, Didi.
A qui veux-tu que je raconte mes cauchemars
privés, sinon à toi ?

VLADIMIR. — Qu'ils restent privés. Tu sais
bien que je ne supporte pas ça.

ESTRAGON (*froidement*). — Il y a des moments où je me demande si on ne ferait pas
mieux de se quitter.

VLADIMIR. — Tu n'irais pas loin.

ESTRAGON. — Ce serait là, en effet, un grave

inconvénient. (*Un temps.*) N'est-ce pas, Didi, que ce serait là un grave inconvénient ? (*Un temps.*) Etant donné la beauté du chemin. (*Un temps.*) Et la bonté des voyageurs. (*Un temps. Câlin.*) N'est-ce pas, Didi ?

VLADIMIR. — Du calme.

ESTRAGON (*avec volupté*). — Calme... Calme... (*Rêveusement*). Les Anglais disent câââm. Ce sont des gens câââms. (*Un temps.*) Tu connais l'histoire de l'Anglais au bordel ?

VLADIMIR. — Oui.

ESTRAGON. — Raconte-la moi.

VLADIMIR. — Assez.

ESTRAGON. — Un Anglais s'étant enivré se rend au bordel. La sous-maîtresse lui demande s'il désire une blonde, une brune ou une rousse. Continue.

VLADIMIR. — ASSEZ !

Vladimir sort. Estragon se lève et le suit jusqu'à la limite de la scène. Mimique d'Estragon, analogue à celle qu'arrachent au spectateur les efforts du pugiliste. Vladimir revient, passe devant Estragon, traverse la scène, les yeux baissés. Estragon fait quelques pas vers lui, s'arrête.

ESTRAGON (*avec douceur*). — Tu voulais me

parler ? (*Vladimir ne répond pas. Estragon fait un pas en avant.*) Tu avais quelque chose à me dire ? (*Silence. Autre pas en avant.*) Dis, Didi...

VLADIMIR (*sans se retourner*). — Je n'ai rien à te dire.

ESTRAGON (*pas en avant*). — Tu es fâché ? (*Silence. Pas en avant.*) Pardon ! (*Silence. Pas en avant. Il lui touche l'épaule.*) Voyons, Didi. (*Silence.*) Donne ta main ! (*Vladimir se retourne.*) Embrasse-moi ! (*Vladimir se raidit.*) Laisse-toi faire ! (*Vladimir s'amollit. Ils s'embrassent. Estragon recule.*) Tu pues l'ail !

VLADIMIR. — C'est pour les reins. (*Silence. Estragon regarde l'arbre avec attention.*) Qu'est-ce qu'on fait maintenant ?

ESTRAGON. — On attend.

VLADIMIR. — Oui, mais en attendant.

ESTRAGON. — Si on se pendait ?

VLADIMIR. — Ce serait un moyen de bander.

ESTRAGON (*aguiché*). — On bande ?

VLADIMIR. — Avec tout ce qui s'ensuit. Là où ça tombe il pousse des mandragores. C'est pour ça qu'elles crient quand on les arrache. Tu ne savais pas ça ?

ESTRAGON. — Pendons-nous tout de suite.

VLADIMIR. — A une branche ? (*Ils s'appro-*

chent de l'arbre et le regardent.) Je n'aurais pas confiance.

ESTRAGON. — On peut toujours essayer.

VLADIMIR. — Essaie.

ESTRAGON. — Après toi.

VLADIMIR. — Mais non, toi d'abord.

ESTRAGON. — Pourquoi ?

VLADIMIR. — Tu pèses moins lourd que moi.

ESTRAGON. — Justement.

VLADIMIR. — Je ne comprends pas.

ESTRAGON. — Mais réfléchis un peu, voyons.

Vladimir réfléchit.

VLADIMIR *(finalement).* — Je ne comprends pas.

ESTRAGON. — Je vais t'expliquer. *(Il réfléchit.)* La branche... la branche... *(Avec colère.)* Mais essaie donc de comprendre !

VLADIMIR. — Je ne compte plus que sur toi.

ESTRAGON *(avec effort).* — Gogo léger — branche pas casser — Gogo mort. Didi lourd — branche casser — Didi seul. *(Un temps.)* Tandis que... *(Il cherche l'expression juste.)*

VLADIMIR. — Je n'avais pas pensé à ça.

ESTRAGON *(ayant trouvé).* — Qui peut le plus peut le moins.

VLADIMIR. — Mais est-ce que je pèse plus lourd que toi ?

ESTRAGON. — C'est toi qui le dis. Moi je n'en sais rien. Il y a une chance sur deux. Ou presque.

VLADIMIR. — Alors quoi faire ?

ESTRAGON. — Ne faisons rien. C'est plus prudent.

VLADIMIR. — Attendons voir ce qu'il va nous dire.

ESTRAGON. — Qui ?

VLADIMIR. — Godot.

ESTRAGON. — Voilà.

VLADIMIR. — Attendons d'être fixés d'abord.

ESTRAGON. — D'un autre côté, on ferait peut-être mieux de battre le fer avant qu'il soit glacé.

VLADIMIR. — Je suis curieux de savoir ce qu'il va nous dire. Ça ne nous engage à rien.

ESTRAGON. — Qu'est-ce qu'on lui a demandé au juste ?

VLADIMIR. — Tu n'étais pas là ?

ESTRAGON. — Je n'ai pas fait attention.

VLADIMIR. — Eh bien... Rien de bien précis.

ESTRAGON. — Une sorte de prière.

VLADIMIR. — Voilà.

ESTRAGON. — Une vague supplique.

VLADIMIR. — Si tu veux.

ESTRAGON. — Et qu'a-t-il répondu ?

VLADIMIR. — Qu'il verrait.

ESTRAGON. — Qu'il ne pouvait rien promettre.

VLADIMIR. — Qu'il lui fallait réfléchir.

ESTRAGON. — A tête reposée.

VLADIMIR. — Consulter sa famille.

ESTRAGON. — Ses amis.

VLADIMIR. — Ses agents.

ESTRAGON. — Ses correspondants.

VLADIMIR. — Ses registres.

ESTRAGON. — Son compte en banque.

VLADIMIR. — Avant de se prononcer.

ESTRAGON. — C'est normal.

VLADIMIR. — N'est-ce pas ?

ESTRAGON. — Il me semble.

VLADIMIR. — A moi aussi.

Repos.

ESTRAGON (*inquiet*). — Et nous ?

VLADIMIR. — Plaît-il ?

ESTRAGON. — Je dis, Et nous ?

VLADIMIR. — Je ne comprends pas.

ESTRAGON. — Quel est notre rôle là-dedans ?

VLADIMIR. — Notre rôle ?

ESTRAGON. — Prends ton temps.

VLADIMIR. — Notre rôle ? Celui du sup-
pliant.

ESTRAGON. — A ce point-là ?

VLADIMIR. — Monsieur a des exigences à faire
valoir ?

ESTRAGON. — On n'a plus de droits ?

Rire de Vladimir, auquel il coupe court com-
me au précédent. Même jeu, moins le sourire.

VLADIMIR. — Tu me ferais rire, si cela m'était
permis.

ESTRAGON. — Nous les avons perdus ?

VLADIMIR (*avec netteté*). — Nous les avons
bazardés.

Silence. Ils demeurent immobiles, bras bal-
lants, tête sur la poitrine, cassés aux genoux.

ESTRAGON (*faiblement*). — On n'est pas lié ?
(*Un temps*) Hein ?

VLADIMIR (*levant la main*). — Ecoute !
        Ils écoutent, grotesquement figés.

ESTRAGON. — Je n'entends rien.

VLADIMIR. — Hsst ! (*Ils écoutent. Estragon*
perd l'équilibre, manque de tomber. Il s'agrippe
au bras de Vladimir qui chancelle. Ils écoutent,
tassés l'un contre l'autre, les yeux dans les yeux.)

Moi non plus. (*Soupirs de soulagement. Détente.
Ils s'éloignent l'un de l'autre.*)

ESTRAGON. — Tu m'as fait peur.

VLADIMIR. — J'ai cru que c'était lui.

ESTRAGON. — Qui ?

VLADIMIR. — Godot.

ESTRAGON. — Pah ! Le vent dans les roseaux.

VLADIMIR. — J'aurais juré des cris.

ESTRAGON. — Et pourquoi crierait-il ?

VLADIMIR. — Après son cheval.

Silence.

ESTRAGON. — Allons-nous-en.

VLADIMIR. — Où ? (*Un temps.*) Ce soir on
couchera peut-être chez lui, au chaud, au sec, le
ventre plein, sur la paille. Ça vaut la peine qu'on
attende. Non ?

ESTRAGON. — Pas toute la nuit.

VLADIMIR. — Il fait encore jour.

Silence.

ESTRAGON. — J'ai faim.

VLADIMIR. — Veux-tu une carotte ?

ESTRAGON. — Il n'y a pas autre chose ?

VLADIMIR. — Je dois avoir quelques navets.

ESTRAGON. — Donne-moi une carotte. (*Vladimir fouille dans ses poches, en retire un navet*

et le donne à Estragon.) Merci. *(Il mord dedans. Plaintivement.)* C'est un navet !

VLADIMIR. — Oh pardon ! J'aurais juré une carotte. *(Il fouille à nouveau dans ses poches, n'y trouve que des navets.)* Tout ça c'est des navets. *(Il cherche toujours.)* Tu as dû manger la dernière. *(Il cherche.)* Attends, ça y est. *(Il sort enfin une carotte et la donne à Estragon.)* Voilà, mon cher. *(Estragon l'essuie sur sa manche et commence à la manger.)* Rends-moi le navet. *(Estragon lui rend le navet.)* Fais-la durer, il n'y en a plus.

ESTRAGON *(tout en mâchant).* — Je t'ai posé une question.

VLADIMIR. — Ah.

ESTRAGON. — Est-ce que tu m'as répondu ?

VLADIMIR. — Elle est bonne, ta carotte ?

ESTRAGON. — Elle est sucrée.

VLADIMIR. — Tant mieux, tant mieux. *(Un temps.)* Qu'est-ce que tu voulais savoir ?

ESTRAGON. — Je ne me rappelle plus. *(Il mâche.)* C'est ça qui m'embête. *(Il regarde la carotte avec appréciation, la fait tourner en l'air du bout des doigts.)* Délicieuse, ta carotte. *(Il en suce méditativement le bout.)* Attends, ça me revient. *(Il arrache une bouchée.)*

VLADIMIR. — Alors ?

ESTRAGON (*la bouche pleine, distraitement*).
— On n'est pas lié ?

VLADIMIR. — Je n'entends rien.

ESTRAGON (*mâche, avale*). — Je demande si
on est lié.

VLADIMIR. — Lié ?

ESTRAGON. — Lié.

VLADIMIR. — Comment lié ?

ESTRAGON. — Pieds et poings.

VLADIMIR. — Mais à qui ? Par qui ?

ESTRAGON. — A ton bonhomme.

VLADIMIR. — A Godot ? Lié à Godot ?
Quelle idée ! Jamais de la vie ! (*Un temps.*) Pas
encore. (*Il ne fait pas la liaison.*)

ESTRAGON. — Il s'appelle Godot ?

VLADIMIR. — Je crois.

—ESTRAGON. — Tiens ! (*Il soulève le restant de
carotte par le bout de fane et le fait tourner
devant ses yeux.*) C'est curieux, plus on va, moins
c'est bon.

VLADIMIR. — Pour moi c'est le contraire.

ESTRAGON. — C'est-à-dire ?

VLADIMIR. — Je me fais au goût au fur et à
mesure.

ESTRAGON (*ayant longuement réfléchi*). —
C'est ça, le contraire ?

VLADIMIR. — Question de tempérament.

ESTRAGON. — De caractère.

VLADIMIR. — On n'y peut rien.

ESTRAGON. — On a beau se démener.

VLADIMIR. — On reste ce qu'on est.

ESTRAGON. — On a beau se tortiller.

VLADIMIR. — Le fond ne change pas.

ESTRAGON. — Rien à faire. (*Il tend le restant
de carotte à Vladimir.*) Veux-tu la finir ?

*Un cri terrible retentit, tout proche. Estragon
lâche la carotte. Ils se figent, puis se précipitent
vers la coulisse. Estragon s'arrête à mi-chemin,
retourne sur ses pas, ramasse la carotte, la fourre
dans sa poche, s'élance vers Vladimir qui l'attend,
s'arrête à nouveau, retourne sur ses pas, ramasse
sa chaussure, puis court rejoindre Vladimir. Enla-
cés, la tête dans les épaules, se détournant de la
menace, ils attendent.*

*Entrent Pozzo et Lucky. Celui-là dirige celui-
ci au moyen d'une corde passée autour du cou,
de sorte qu'on ne voit d'abord que Lucky suivi
de la corde, assez longue pour qu'il puisse arri-
ver au milieu du plateau avant que Pozzo débou-
che de la coulisse. Lucky porte une lourde valise,*

3

un siège pliant, un panier à provisions et un manteau (sur le bras) ; *Pozzo un fouet.*

POZZO (*en coulisse*). — Plus vite ! (*Bruit de fouet. Pozzo paraît. Ils traversent la scène. Lucky passe devant Vladimir et Estragon et sort. Pozzo, ayant vu Vladimir et Estragon, s'arrête. La corde se tend. Pozzo tire violemment dessus.*) Arrière ! (*Bruit de chute. C'est Lucky qui tombe avec tout son chargement. Vladimir et Estragon le regardent, partagés entre l'envie d'aller à son secours et la peur de se mêler de ce qui ne les regarde pas. Vladimir fait un pas vers Lucky, Estragon le retient par la manche.*)

VLADIMIR. — Lâche-moi !

ESTRAGON. — Reste tranquille.

POZZO. — Attention ! Il est méchant. (*Estragon et Vladimir le regardent.*) Avec les étrangers.

ESTRAGON (*bas*). — C'est lui ?

VLADIMIR. — Qui ?

ESTRAGON. — Voyons...

VLADIMIR. — Godot ?

ESTRAGON. — Voilà.

POZZO. — Je me présente : Pozzo.

VLADIMIR. — Mais non.

ESTRAGON. — Il a dit Godot.

VLADIMIR. — Mais non.

ESTRAGON (à *Pozzo*). — Vous n'êtes pas Monsieur Godot, Monsieur ?

POZZO (*d'une voix terrible*). — Je suis Pozzo ! (*Silence.*) Ce nom ne vous dit rien ? (*Silence.*) Je vous demande si ce nom ne vous dit rien ?

Vladimir et Estragon s'interrogent du regard.

ESTRAGON (*faisant semblant de chercher*). — Bozzo... Bozzo...

VLADIMIR (*de même*). — Pozzo...

POZZO. — Pppozzo !

ESTRAGON. — Ah ! Pozzo... voyons... Pozzo...

VLADIMIR. — C'est Pozzo ou Bozzo ?

ESTRAGON. — Pozzo... non, je ne vois pas.

VLADIMIR (*conciliant*). — J'ai connu une famille Gozzo. La mère brodait au tambour.

Pozzo avance, menaçant.

ESTRAGON (*vivement*). — Nous ne sommes pas d'ici, Monsieur.

POZZO (*s'arrêtant*). — Vous êtes bien des êtres humains cependant. (*Il met ses lunettes.*) A ce que je vois. (*Il enlève ses lunettes.*) De la même espèce que moi. (*Il éclate d'un rire énor-*

me.) De la même espèce que Pozzo ! D'origine divine !

VLADIMIR. — C'est-à-dire...

POZZO (*tranchant*). — Qui est Godot ?

ESTRAGON. — Godot ?

POZZO. — Vous m'avez pris pour Godot.

VLADIMIR. — Oh non, Monsieur, pas un seul instant, Monsieur.

POZZO. — Qui est-ce ?

VLADIMIR. — Eh bien, c'est un... c'est une connaissance.

ESTRAGON. — Mais non, voyons, on le connaît à peine.

VLADIMIR. — Evidemment... on ne le connaît pas très bien... mais tout de même...

ESTRAGON. — Pour ma part je ne le reconnaîtrai même pas.

POZZO. — Vous m'avez pris pour lui.

ESTRAGON. — C'est-à-dire... l'obscurité... la fatigue... la faiblesse... l'attente... j'avoue... j'ai cru... un instant...

VLADIMIR. — Ne l'écoutez pas, Monsieur, ne l'écoutez pas !

POZZO. — L'attente ? Vous l'attendiez donc ?

VLADIMIR. — C'est-à-dire...

POZZO. — Ici ? Sur mes terres ?

VLADIMIR. — On ne pensait pas à mal.

ESTRAGON. — C'était dans une bonne inten-
tion.

POZZO. — La route est à tout le monde.

VLADIMIR. — C'est ce qu'on se disait.

POZZO. — C'est une honte, mais c'est ainsi.

ESTRAGON. — On n'y peut rien.

POZZO (d'un geste large). — Ne parlons plus
de ça. (Il tire sur la corde.) Debout ! (Un temps.)
Chaque fois qu'il tombe il s'endort. (Il tire sur
la corde.) Debout, charogne ! (Bruit de Lucky qui
se relève et ramasse ses affaires. Pozzo tire sur la
corde.) Arrière ! (Lucky entre à reculons.) Arrêt !
(Lucky s'arrête.) Tourne ! (Lucky se retourne. A
Vladimir et Estragon, affablement.) Mes amis,
je suis heureux de vous avoir rencontrés. (Devant
leur expression incrédule.) Mais oui, sincèrement
heureux. (Il tire sur la corde.) Plus près ! (Lucky
avance.) Arrêt ! (Lucky s'arrête. A Vladimir et
Estragon.) Voyez-vous, la route est longue quand
on chemine tout seul pendant... (il regarde sa
montre) ...pendant... (il calcule) ...six heures, oui,
c'est bien ça, six heures à la file, sans rencontrer
âme qui vive. (A Lucky.) Manteau ! (Lucky
dépose la valise, avance, donne le manteau, recule, reprend la valise.) Tiens ça. (Pozzo lui tend

le fouet, Lucky avance et, n'ayant plus de mains, se penche et prend le fouet entre ses dents, puis recule. Pozzo commence à mettre son manteau, s'arrête.) Manteau ! (Lucky dépose tout, avance, aide Pozzo à mettre son manteau, recule, reprend tout.) Le fond de l'air est frais. (Il finit de boutonner son manteau, se penche, s'inspecte, se relève.) Fouet ! (Lucky avance, se penche, Pozzo lui arrache le fouet de la bouche, Lucky recule.) Voyez-vous, mes amis, je ne peux me passer longtemps de la société de mes semblables (il regarde les deux semblables) même quand ils ne me ressemblent qu'imparfaitement. (A Lucky.) Pliant ! (Lucky dépose valise et panier, avance, ouvre le pliant, le pose par terre, recule, reprend valise et panier. Pozzo regarde le pliant.) Plus près ! (Lucky dépose valise et panier, avance, déplace le pliant, recule, reprend valise et panier. Pozzo s'assied, pose le bout de son fouet contre la poitrine de Lucky et pousse.) Arrière ! (Lucky recule.) Encore. (Lucky recule encore.) Arrêt ! (Lucky s'arrête. A Vladimir et Estragon.) C'est pourquoi, avec votre permission, je m'en vais rester un moment auprès de vous, avant de m'aventurer plus avant. (A Lucky.) Panier ! (Lucky avance, donne le panier, recule.) Le grand air, ça creuse. (*Il ouvre le panier, en retire un morceau de poulet, un morceau de pain et une bouteille de vin. A Lucky.*) Panier ! (*Lucky avance, prend le panier, recule, s'immobilise.*) Plus loin ! (*Lucky recule.*) Là ! (*Lucky s'arrête.*) Il pue. (*Il boit une rasade à même le goulot.*) A la bonne nôtre. (*Il dépose la bouteille et se met à manger.*)

Silence. Estragon et Vladimir, s'enhardissant peu à peu, tournent autour de Lucky, l'inspectent sur toutes les coutures. Pozzo mord dans son poulet avec voracité, jette les os après les avoir sucés. Lucky ploie lentement, jusqu'à ce que la valise frôle le sol, se redresse brusquement, recommence à ployer. Rythme de celui qui dort debout.

ESTRAGON. — Qu'est-ce qu'il a ?

VLADIMIR. — Il a l'air fatigué.

ESTRAGON. — Pourquoi ne dépose-t-il pas ses bagages ?

VLADIMIR. — Est-ce que je sais ? (*Ils le serrent de plus près.*) Attention !

ESTRAGON. — Si on lui parlait ?

VLADIMIR. — Regarde-moi ça !

ESTRAGON. — Quoi ?

VLADIMIR (*indiquant*). — Le cou.

ESTRAGON (*regardant le cou*). — Je ne vois rien.

VLADIMIR. — Mets-toi ici.

Estragon se met à la place de Vladimir.

ESTRAGON. — En effet.

VLADIMIR. — A vif.

ESTRAGON. — C'est la corde.

VLADIMIR. — A force de frotter.

ESTRAGON. — Qu'est-ce que tu veux.

VLADIMIR. — C'est le nœud.

ESTRAGON. — C'est fatal.

Ils reprennent leur inspection, s'arrêtent au visage.

VLADIMIR. — Il n'est pas mal.

ESTRAGON (*levant les épaules, faisant la moue*). — Tu trouves ?

VLADIMIR. — Un peu efféminé.

ESTRAGON. — Il bave.

VLADIMIR. — C'est forcé.

ESTRAGON. — Il écume.

VLADIMIR. — C'est peut-être un idiot.

ESTRAGON. — Un crétin.

VLADIMIR (*avançant la tête*). — On dirait un goitre.

ESTRAGON (*même jeu*). — Ce n'est pas sûr.

VLADIMIR. — Il halète.

ESTRAGON. — C'est normal.

VLADIMIR. — Et ses yeux !

ESTRAGON. — Qu'est-ce qu'ils ont ?

VLADIMIR. — Ils sortent.

ESTRAGON. — Pour moi il est en train de crever.

VLADIMIR. — Ce n'est pas sûr. (*Un temps.*) Pose-lui une question.

ESTRAGON. — Tu crois ?

VLADIMIR. — Qu'est-ce qu'on risque ?

ESTRAGON (*timidement*). — Monsieur...

VLADIMIR. — Plus fort.

ESTRAGON (*plus fort*). — Monsieur...

POZZO. — Foutez-lui la paix ! (*Ils se tournent vers Pozzo qui, ayant fini de manger, s'essuie la bouche du revers de la main.*) Vous ne voyez pas qu'il veut se reposer ? (*Il sort sa pipe et commence à la bourrer. Estragon remarque les os de poulet par terre, les fixe avec avidité. Pozzo frotte une allumette et commence à allumer sa pipe.*) Panier ! (*Lucky ne bougeant pas, Pozzo jette l'allumette avec emportement et tire sur la corde.*) Panier ! (*Lucky manque de tomber, revient à lui, avance, met la bouteille dans le panier, retourne à sa place, reprend son attitude. Estragon fixe les os, Pozzo frotte une seconde allumette et allume sa pipe.*) Que voulez-vous, ce n'est pas son travail. (*Il aspire une bouffée, allonge les jambes.*) Ah ! ça va mieux.

ESTRAGON (*timidement*). — Monsieur...

POZZO. — Qu'est-ce que c'est, mon brave ?

ESTRAGON. — Heu... vous ne mangez pas... heu... vous n'avez plus besoin... des os... Monsieur ?

VLADIMIR (*outré*). — Tu ne pouvais pas attendre ?

POZZO. — Mais non, mais non, c'est tout naturel. Si j'ai besoin des os ? (*Il les remue du bout de son fouet.*) Non, personnellement je n'en ai plus besoin. (*Estragon fait un pas vers les os.*) Mais... (*Estragon s'arrête*) mais en principe les os reviennent au porteur. C'est donc à lui qu'il faut demander. (*Estragon se tourne vers Lucky, hésite.*) Mais demandez-lui, demandez-lui, n'ayez pas peur, il vous le dira.

Estragon va vers Lucky, s'arrête devant lui.

ESTRAGON. — Monsieur... pardon, Monsieur...

Lucky ne réagit pas. Pozzo fait claquer son fouet. Lucky relève la tête.

POZZO. — On te parle, porc. Réponds. (*A Estragon.*) Allez-y.

ESTRAGON. — Pardon, Monsieur, les os, vous les voulez.

Lucky regarde Estragon longuement.

POZZO (*aux anges*). — Monsieur ! (*Lucky baisse la tête.*) Réponds ! Tu les veux ou tu ne les veux pas ? (*Silence de Lucky. A Estragon.*) Ils sont à vous. (*Estragon se jette sur les os, les ramasse et commence à les ronger.*) C'est pourtant bizarre. C'est bien la première fois qu'il me refuse un os. (*Il regarde Lucky avec inquiétude.*) J'espère qu'il ne va pas me faire la blague de tomber malade. (*Il tire sur sa pipe.*)

VLADIMIR (*éclatant*). — C'est une honte !

Silence. Estragon, stupéfait, s'arrête de ronger, regarde Vladimir et Pozzo tour à tour. Pozzo très calme. Vladimir de plus en plus gêné.

POZZO (*à Vladimir*). — Faites-vous allusion à quelque chose de particulier ?

VLADIMIR (*résolu et bafouillant*). — Traiter un homme (*geste vers Lucky*) de cette façon... je trouve ça... un être humain... non... c'est une honte !

ESTRAGON (*ne voulant pas être en reste*). — Un scandale ! (*Il se remet à ronger.*)

POZZO. — Vous êtes sévères. (*A Vladimir.*) Quel âge avez-vous, sans indiscrétion ? (*Silence.*)

Soixante ?... Soixante-dix ?... (*A Estragon.*) Quel
âge peut-il bien avoir ?

ESTRAGON. — Demandez-lui.

POZZO. — Je suis indiscret. (*Il vide sa pipe en
la tapant contre son fouet, se lève.*) Je vais vous
quitter. Merci de m'avoir tenu compagnie. (*Il
réfléchit.*) A moins que je ne fume encore une
pipe avec vous. Qu'en dites-vous ? (*Ils n'en
disent rien.*) Oh ! je ne suis qu'un petit fumeur,
un tout petit fumeur, il n'est pas dans mes habi-
tudes de fumer deux pipes coup sur coup, ça (*il
porte sa main au cœur*) fait battre mon cœur.
(*Un temps.*) C'est la nicotine, on en absorbe, malgré ses précautions. (*Il soupire.*) Que voulez-
vous. (*Silence.*) Mais peut-être que vous n'êtes
pas des fumeurs. Si ? Non ? Enfin, c'est un détail.
(*Silence.*) Mais comment me rasseoir maintenant
avec naturel, maintenant que je me suis mis
debout ? Sans avoir l'air de — comment dire —
de fléchir ? (*A Vladimir.*) Vous dites ? (*Silence.*)
Peut-être n'avez-vous rien dit ? (*Silence.*) C'est
sans importance. Voyons... (*Il réfléchit.*)

ESTRAGON. — Ah ! Ça va mieux. (*Il jette
les os.*)

VLADIMIR. — Partons.

ESTRAGON. — Déjà ?

POZZO. — Un instant ! (*Il tire sur la corde.*) Pliant ! (*Il montre avec son fouet. Lucky déplace le pliant.*) Encore ! Là ! (*Il se rassied. Lucky recule, reprend valise et panier.*) Me voilà réinstallé ! (*Il commence à bourrer sa pipe.*)

VLADIMIR. — Partons.

POZZO. — J'espère que ce n'est pas moi qui vous chasse. Restez encore un peu, vous ne le regretterez pas.

ESTRAGON (*flairant l'aumône*). — Nous avons le temps.

POZZO (*ayant allumé sa pipe*). — La deuxième est toujours moins bonne (*il enlève la pipe de sa bouche, la contemple*) que la première, je veux dire. (*Il remet la pipe dans sa bouche.*) Mais elle est bonne quand même.

VLADIMIR. — Je m'en vais.

POZZO. — Il ne peut plus supporter ma présence. Je suis sans doute peu humain, mais est-ce une raison ? (*A Vladimir.*) Réfléchissez, avant de commettre une imprudence. Mettons que vous partiez maintenant, pendant qu'il fait encore jour, car malgré tout il fait encore jour. (*Tous les trois regardent le ciel.*) Bon. Que devient en ce cas — (*il ôte sa pipe de la bouche, la regarde*) — je suis éteint — (*il rallume sa pipe*) — en ce

cas... en ce cas... que devient en ce cas votre
rendez-vous avec ce... Godet... Godot... Godin...
(*silence*)... enfin vous voyez qui je veux dire, dont
votre avenir dépend (*silence*) ...enfin votre avenir immédiat.

ESTRAGON. — Il a raison.

VLADIMIR. — Comment le saviez-vous ?

POZZO. — Voilà qu'il m'adresse à nouveau la
parole ! Nous finirons par nous prendre en affec-
tion.

ESTRAGON. — Pourquoi ne dépose-t-il pas
ses bagages ?

POZZO. — Moi aussi je serais heureux de le
rencontrer. Plus je rencontre de gens, plus je
suis heureux. Avec la moindre créature on s'ins-
truit, on s'enrichit, on goûte mieux son bonheur.
Vous-mêmes (*il les regarde attentivement l'un
après l'autre, afin qu'ils se sachent visés tous les
deux*) vous-mêmes, qui sait, vous m'aurez peut-
être apporté quelque chose.

ESTRAGON. — Pourquoi ne dépose-t-il pas
ses bagages ?

POZZO. — Mais ça m'étonnerait.

VLADIMIR. — On vous pose une question.

POZZO (*ravi*). — Une question ? Qui ? Laquelle ? (*Silence.*) Tout à l'heure vous me disiez

Monsieur, en tremblant. Maintenant vous me posez des questions. Ça va mal finir.

VLADIMIR (*à Estragon*). — Je crois qu'il t'écoute.

ESTRAGON (*qui s'est remis à tourner autour de Lucky*). — Quoi ?

VLADIMIR. — Tu peux lui demander maintenant. Il est alerté.

ESTRAGON. — Lui demander quoi ?

VLADIMIR. — Pourquoi il ne dépose pas ses bagages.

ESTRAGON. — Je me le demande.

VLADIMIR. — Mais demande-lui, voyons.

POZZO (*qui a suivi ses échanges avec une attention anxieuse, craignant que la question ne se perde*). — Vous me demandez pourquoi il ne dépose pas ses bagages, comme vous dites.

VLADIMIR. — Voilà.

POZZO (*à Estragon*). — Vous êtes bien d'accord ?

ESTRAGON (*continuant à tourner autour de Lucky*). — Il souffle comme un phoque.

POZZO. — Je vais vous répondre. (A Estragon.) Mais restez tranquille, je vous en supplie, vous me rendez nerveux.

VLADIMIR. — Viens ici.

ESTRAGON. — Qu'est-ce qu'il y a ?

VLADIMIR. — Il va parler.

Immobiles, l'un contre l'autre, ils attendent.

POZZO. — C'est parfait. Tout le monde y est ?
Tout le monde me regarde ? (*Il regarde Lucky,
tire sur la corde. Lucky lève la tête.*) Regarde-
moi, porc ! (*Lucky le regarde.*) Parfait. (*Il met la
pipe dans sa poche, sort un petit vaporisateur
et se vaporise la gorge, remet le vaporisateur
dans sa poche, se râcle la gorge, crache, ressort le
vaporisateur, se revaporise la gorge, remet le
vaporisateur dans sa poche.*) Je suis prêt. Tout le
monde m'écoute ? (*Il regarde Lucky, tire sur la
corde.*) Avance ! (*Lucky avance.*) Là ! (*Lucky s'arrête.*) Tout le monde est prêt ? (*Il les regarde
tous les trois, Lucky en dernier, tire sur la corde.*)
Alors quoi ? (*Lucky lève la tête.*) Je n'aime pas
parler dans le vide. Bon. Voyons. (*Il réfléchit.*)

ESTRAGON. — Je m'en vais.

POZZO. — Qu'est-ce que vous m'avez demandé
au juste ?

VLADIMIR. — Pourquoi il —

POZZO (*avec colère*). — Ne me coupez pas
la parole ! (*Un temps. Plus calme.*) Si nous parlons tous en même temps nous n'en sortirons
jamais. (*Un temps.*) Qu'est-ce que je disais ? (*Un

temps. Plus fort.) Qu'est-ce que je disais ?

Vladimir mime celui qui porte une lourde char-
ge. Pozzo le regarde sans comprendre.)

ESTRAGON (*avec force*). — Bagages ! (*Il pointe*
son doigt vers Lucky.) Pourquoi ? Toujours
tenir. (*Il fait celui qui ploie, en haletant.)* Jamais
déposer. (*Il ouvre les mains, se redresse avec sou-*
lagement.) Pourquoi ?

POZZO. — J'y suis. Il fallait me le dire plus
tôt. Pourquoi il ne se met pas à son aise. Essayons
d'y voir clair. N'en a-t-il pas le droit ? Si. C'est
donc qu'il ne veut pas ? Voilà qui est raisonné.
Et pourquoi ne veut-il pas ? (*Un temps.*) Messieurs, je vais vous le dire.

VLADIMIR. — Attention !

POZZO. — C'est pour m'impressionner, pour
que je le garde.

ESTRAGON. — Comment ?

POZZO. — Je me suis peut-être mal exprimé.
Il cherche à m'apitoyer, pour que je renonce à
me séparer de lui. Non, ce n'est pas tout à fait
ça.

VLADIMIR. — Vous voulez vous en débarrasser ?

POZZO. — Il veut m'avoir, mais il ne m'aura
pas.

VLADIMIR. — Vous voulez vous en débarrasser ?

POZZO. — Il s'imagine qu'en le voyant bon porteur je serai tenté de l'employer à l'avenir dans cette capacité.

ESTRAGON. — Vous n'en voulez plus ?

POZZO. — En réalité il porte comme un porc. Ce n'est pas son métier.

VLADIMIR. — Vous voulez vous en débarrasser ?

POZZO. — Il se figure qu'en le voyant infatigable je vais regretter ma décision. Tel est son misérable calcul. Comme si j'étais à court d'hommes de peine ! (*Tous les trois regardent Lucky.*) Atlas, fils de Jupiter ! (*Silence.*) Et voilà. Je pense avoir répondu à votre question. En avez-vous d'autres ? (*Jeu du vaporisateur.*)

VLADIMIR. — Vous voulez vous en débarrasser ?

POZZO. — Remarquez que j'aurais pu être à sa place et lui à la mienne. Si le hasard ne s'y était pas opposé. A chacun son dû.

VLADIMIR. — Vous voulez vous en débarrasser ?

POZZO. — Vous dites ?

VLADIMIR. — Vous voulez vous en débarrasser ?

POZZO. — En effet. Mais au lieu de le chasser, comme j'aurais pu, je veux dire au lieu de le mettre tout simplement à la porte, à coups de pied dans le cul, je l'emmène, telle est ma bonté, au marché de Saint-Sauveur, où je compte bien en tirer quelque chose. A vrai dire, chasser de tels êtres, ce n'est pas possible. Pour bien faire, il faudrait les tuer.

Lucky pleure.

ESTRAGON. — Il pleure.

POZZO. — Les vieux chiens ont plus de dignité. (*Il tend son mouchoir à Estragon.*) Consolez-le, puisque vous le plaignez. (*Estragon hésite.*) Prenez. (*Estragon prend le mouchoir.*) Essuyez-lui les yeux. Comme ça il se sentira moins abandonné.

Estragon hésite toujours.

VLADIMIR. — Donne, je le ferai moi.

Estragon ne veut pas donner le mouchoir. Gestes d'enfant.

POZZO. — Dépêchez-vous. Bientôt il ne pleurera plus. (*Estragon s'approche de Lucky et se met en posture de lui essuyer les yeux. Lucky lui décoche un violent coup de pied dans les tibias. Estra-*

gon lâche le mouchoir, se jette en arrière, fait le tour du plateau en boitant et en hurlant de douleur.) Mouchoir. (*Lucky dépose valise et panier, ramasse le mouchoir, avance, le donne à Pozzo, recule, reprend valise et panier.*)

ESTRAGON. — Le salaud ! La vache ! (*Il relève son pantalon.*) Il m'a estropié !

POZZO. — Je vous avais dit qu'il n'aime pas les étrangers.

VLADIMIR (*à Estragon*). — Fais voir. (*Estragon lui montre sa jambe. A Pozzo, avec colère.*) Il saigne !

POZZO. — C'est bon signe.

ESTRAGON (*la jambe blessée en l'air*). — Je ne pourrai plus marcher !

VLADIMIR (*tendrement*). — Je te porterai. (*Un temps.*) Le cas échéant.

POZZO. — Il ne pleure plus. (*A Estragon.*) Vous l'avez remplacé en quelque sorte. (*Rêveusement.*) Les larmes du monde sont immuables. Pour chacun qui se met à pleurer, quelque part un autre s'arrête. Il en va de même du rire. (*Il rit.*) Ne disons donc pas de mal de notre époque, elle n'est pas plus malheureuse que les précédentes. (*Silence.*) N'en disons pas de bien non plus.

(*Silence.*) N'en parlons pas. (*Silence.*) Il est vrai que la population a augmenté.

VLADIMIR. — Essaie de marcher.

Estragon part en boitillant, s'arrête devant Lucky et crache sur lui, puis va s'asseoir là où il était assis au lever du rideau.

POZZO. — Savez-vous qui m'a appris toutes ces belles choses ? (*Un temps. Dardant son doigt vers Lucky.*) Lui !

VLADIMIR (*regardant le ciel*). — La nuit ne viendra-t-elle donc jamais ?

POZZO. — Sans lui je n'aurais jamais pensé, jamais senti, que des choses basses, ayant trait à mon métier de — peu importe. La beauté, la grâce, la vérité de première classe, je m'en savais incapable. Alors j'ai pris un knouk.

VLADIMIR (*malgré lui, cessant d'interroger le ciel .* — Un knouk ?

POZZO. — Il y aura bientôt soixante ans que ça dure... (*il calcule mentalement*) ...oui, bientôt soixante. (*Se redressant fièrement.*) On ne me les donnerait pas, n'est-ce pas ? (*Vladimir regarde Lucky.*) A côté de lui j'ai l'air d'un jeune homme, non ? (*Un temps. A Lucky.*) Chapeau ! (*Lucky dépose le panier, enlève son chapeau. Une abondante chevelure blanche lui tombe autour du visage. Il met son chapeau sous le bras et reprend le panier.*) Maintenant regardez. (*Pozzo ôte son chapeau* ([1]). *Il est complètement chauve. Il remet son chapeau.*) Vous avez vu ?

VLADIMIR. — Qu'est-ce que c'est, un knouk.

POZZO. — Vous n'êtes pas d'ici. Etes-vous seulement du siècle ? Autrefois on avait des bouffons. Maintenant on a des knouks. Ceux qui peuvent se le permettre.

VLADIMIR. — Et vous le chassez à présent ? Un si vieux, un si fidèle serviteur ?

ESTRAGON. — Fumier !

> *Pozzo de plus en plus agité.*

VLADIMIR. — Après en avoir sucé la substance vous le jetez comme un... (*il cherche*) ...comme une peau de banane. Avouez que...

POZZO (*gémissant, portant ses mains à sa tête.*) — Je n'en peux plus... plus supporter... ce qu'il fait... pouvez pas savoir... c'est affreux... faut qu'il s'en aille... (*Il brandit les bras*) ... je deviens fou... (*Il s'effondre, la tête dans les bras.*) Je n'en peux plus... peux plus...

Silence. Tous regardent Pozzo. Lucky tressaille.

---

(1) Tous ces personnages portent le chapeau melon.

VLADIMIR. — Il n'en peut plus.

ESTRAGON. — C'est affreux.

VLADIMIR. — Il devient fou.

ESTRAGON. — C'est dégoûtant.

VLADIMIR (*à Lucky*). — Comment osez-vous ? C'est honteux ! Un si bon maître ! Le faire souffrir ainsi ! Après tant d'années ! Vraiment !

POZZO (*sanglotant*). — Autrefois... il était gentil... il m'aidait... me distrayait... il me rendait meilleur... maintenant... il m'assassine...

ESTRAGON (*à Vladimir*). — Est-ce qu'il veut le remplacer ?

VLADIMIR. — Comment ?

ESTRAGON. — Je n'ai pas compris s'il veut le remplacer ou s'il n'en veut plus après lui.

VLADIMIR. — Je ne crois pas.

ESTRAGON. — Comment ?

VLADIMIR. — Je ne sais pas.

ESTRAGON. — Faut lui demander.

POZZO (*calmé*). — Messieurs, je ne sais pas ce qui m'est arrivé. Je vous demande pardon. Oubliez tout ça. (*De plus en plus maître de lui.*) Je ne sais plus très bien ce que j'ai dit, mais vous pouvez être sûrs qu'il n'y avait pas un mot de vrai là-dedans. (*Se redresse, se frappe la poitrine.*) Est-ce que j'ai l'air d'un homme qu'on fait souffrir, moi ? Voyons ! (*Il fouille dans ses poches.*) Qu'est-ce que j'ai fait de ma pipe ?

VLADIMIR. — Charmante soirée.

ESTRAGON. — Inoubliable.

VLADIMIR. — Et ce n'est pas fini.

ESTRAGON. — On dirait que non.

VLADIMIR. — Ça ne fait que commencer.

ESTRAGON. — C'est terrible.

VLADIMIR. — On se croirait au spectacle.

ESTRAGON. — Au cirque.

VLADIMIR. — Au music-hall.

ESTRAGON. — Au cirque.

POZZO. — Mais qu'ai-je donc fait de ma bruyère !

ESTRAGON. — Il est marrant ! Il a perdu sa bouffarde ! (*Rit bruyamment.*)

VLADIMIR. — Je reviens. (*Il se dirige vers la coulisse.*)

ESTRAGON. — Au fond du couloir, à gauche.

VLADIMIR. — Garde ma place. (*Il sort.*)

POZZO. — J'ai perdu mon Abdullah !

ESTRAGON (*se tordant*). — Il est tordant !

POZZO (*levant la tête*). — Vous n'auriez pas vu — (*Il s'aperçoit de l'absence de Vladimir. Désolé.*) Oh ! Il est parti !... Sans me dire au revoir ! Ce n'est pas chic ! Vous auriez dû le retenir.

ESTRAGON. — Il s'est retenu tout seul.

POZZO. — Oh ! (*Un temps.*) A la bonne heure.

ESTRAGON. — Venez par ici.

POZZO. — Pour quoi faire ?

ESTRAGON. — Vous allez voir.

POZZO. — Vous voulez que je me lève ?

ESTRAGON. — Venez... venez... vite.

> *Pozzo se lève et va vers Estragon.*

ESTRAGON. — Regardez !

POZZO. — Oh ! là là !

ESTRAGON. — C'est fini.

Vladimir revient, sombre, bouscule Lucky, renverse le pliant d'un coup de pied, va et vient avec agitation.

POZZO. — Il n'est pas content ?

ESTRAGON. — Tu as raté des choses formidables. Dommage.

Vladimir s'arrête, redresse le pliant, reprend son va-et-vient, plus calme.

POZZO. — Il s'apaise. (*Regard circulaire.*) D'ailleurs tout s'apaise, je le sens. Une grande paix descend. Ecoutez. (*Il lève la main.*) Pan dort.

VLADIMIR (*s'arrêtant*). — La nuit ne viendra-t-elle jamais ?

        Tous les trois regardent le ciel.

POZZO. — Vous ne tenez pas à partir avant ?

ESTRAGON. — C'est-à-dire... vous comprenez...

POZZO. — Mais c'est tout naturel, c'est tout naturel. Moi-même, à votre place, si j'avais rendez-vous avec un Godin... Godet... Godot... enfin vous voyez qui je veux dire, j'attendrais qu'il fasse nuit noire avant d'abandonner. (*Il regarde le pliant.*) J'aimerais bien me rasseoir, mais je ne sais pas trop comment m'y prendre.

ESTRAGON. — Puis-je vous aider ?

POZZO. — Si vous me demandiez peut-être.

ESTRAGON. — Quoi ?

POZZO. — Si vous me demandiez de me rasseoir.

ESTRAGON. — Ça vous aiderait ?

POZZO. — Il me semble.

ESTRAGON. — Allons-y. Rasseyez-vous, Monsieur, je vous en prie.

POZZO. — Non non, ce n'est pas la peine. (*Un temps. A voix basse.*) Insistez un peu.

ESTRAGON. — Mais voyons, ne restez pas debout comme ça, vous allez attraper froid.

POZZO. — Vous croyez ?

ESTRAGON. — Mais c'est absolument certain.

POZZO. — Vous avez sans doute raison. (*Il se rassied.*) Merci, mon cher. Me voilà réinstallé. (*Il regarde sa montre.*) Mais il est temps que je vous quitte, si je ne veux pas me mettre en retard.

VLADIMIR. — Le temps s'est arrêté.

POZZO (*mettant sa montre contre son oreille*). — Ne croyez pas ça. Monsieur, ne croyez pas ça. (*Il remet la montre dans sa poche.*) Tout ce que vous voulez, mais pas ça.

ESTRAGON (*à Pozzo*). — Il voit tout en noir aujourd'hui.

POZZO. — Sauf le firmament. (*Il rit, content de ce bon mot.*) Patience, ça va venir. Mais je vois ce que c'est, vous n'êtes pas d'ici, vous ne savez pas encore ce que c'est que le crépuscule chez nous. Voulez-vous que je vous le dise ? (*Silence. Estragon et Vladimir se sont remis à examiner, celui-là sa chaussure, celui-ci son chapeau. Le chapeau de Lucky tombe, sans qu'il s'en aperçoive.*) Je veux bien vous satisfaire. (*Jeu du vaporisateur.*) Un peu d'attention, s'il vous plaît. (*Estragon et Vladimir continuent leur manège, Lucky dort à moitié. Pozzo fait claquer son fouet qui ne rend qu'un bruit très fai-*

ble.) Qu'est-ce qu'il a, ce fouet. (*Il se lève et le fait claquer plus vigoureusement, finalement avec succès. Lucky sursaute. La chaussure d'Estragon, le chapeau de Vladimir, leur tombent des mains. Pozzo jette le fouet.*) Il ne vaut plus rien, ce fouet. (*Il regarde son auditoire.*) Qu'est-ce que je disais ?

VLADIMIR. — Partons.

ESTRAGON. — Mais ne restez pas debout comme ça, vous allez attraper la crève.

POZZO. — C'est vrai. (*Il se rassied. A Estragon.*) Comment vous appelez-vous ?

ESTRAGON (*du tic au tac*). — Catulle.

POZZO (*qui n'a pas écouté*). — Ah oui, la nuit. (*Lève la tête.*) Mais soyez donc un peu plus attentifs, sinon nous n'arriverons jamais à rien. (*Regarde le ciel.*) Regardez. (*Tous regardent le ciel, sauf Lucky qui s'est remis à somnoler. Pozzo, s'en apercevant, tire sur la corde.*) Veux-tu regarder le ciel, porc ! (*Lucky renverse la tête.*) Bon, ça suffit. (*Ils baissent la tête.*) Qu'est-ce qu'il a de si extraordinaire ? En tant que ciel ? Il est pâle et lumineux, comme n'importe quel ciel à cette heure de la journée. (*Un temps.*) Dans ces latitudes. (*Un temps.*) Quand il fait beau. (*Sa voix se fait chantante.*) Il y a une heure (*il regar-*

de sa montre, *ton prosaïque*) environ (*ton à nouveau lyrique*), après nous avoir versé depuis (*il
hésite, le ton baisse*) mettons dix heures du ma-
tin (*le ton s'élève*) sans faiblir des torrents de
lumière rouge et blanche, il s'est mis à perdre
de son éclat, à pâlir (*geste des deux mains qui
descendent par paliers*), à pâlir, toujours un peu
plus, un peu plus, jusqu'à ce que (*pause drama-
tique, large geste horizontal des deux mains qui
s'écartent*) vlan ! fini ! il ne bouge plus ! (*Silence.*) Mais (*il lève une main admonitrice*) — mais,
derrière ce voile de douceur et de calme (*il lève
les yeux au ciel, les autres l'imitent, sauf Lucky*)
la nuit galope (*la voix se fait plus vibrante*) et
viendra se jeter sur nous (*il fait claquer ses
doigts*) pfft ! comme ça (*l'inspiration le quitte*)
au moment où nous nous y attendrons le moins.
(*Silence. Voix morne.*) C'est comme ça que ça
se passe sur cette putain de terre.

Long silence.

ESTRAGON. — Du moment qu'on est prévenu.

VLADIMIR. — On peut patienter.

ESTRAGON. — On sait à quoi s'en tenir.

VLADIMIR. — Plus d'inquiétude à avoir.

ESTRAGON. — Il n'y a qu'à attendre.

VLADIMIR. — Nous en avons l'habitude. (*Il*

ramasse son chapeau, regarde dedans, le secoue,
le remet.)

POZZO. — Comment m'avez-vous trouvé ?
(*Estragon et Vladimir le regardent sans com-*
prendre.) Bon ? Moyen ? Passable ? Quelcon-
que ? Franchement mauvais ?

VLADIMIR (*comprenant le premier*). — Oh
très bien, tout à fait bien.

POZZO (*à Estragon*). — Et vous, monsieur ?

ESTRAGON (*accent anglais*). — Oh très bon,
très très très bon.

POZZO (*avec élan*). — Merci, messieurs !
(*Un temps.*) J'ai tant besoin d'encouragement.
(*Il réfléchit.*) J'ai un peu faibli sur la fin. Vous
n'avez pas remarqué ?

VLADIMIR. — Oh, peut-être un tout petit
peu.

ESTRAGON. — J'ai cru que c'était exprès.

POZZO. — C'est que ma mémoire est défec-
tueuse.

Silence.

ESTRAGON. — En attendant, il ne se passe
rien.

POZZO (*désolé*). — Vous vous ennuyez ?

ESTRAGON. — Plutôt.

Pozzo (*à Vladimir*). — Et vous, monsieur ?

Vladimir. — Ce n'est pas folichon.

Silence. Pozzo se livre une bataille intérieure.

Pozzo. — Messieurs, vous avez été... (*il cherche*) ... convenables avec moi.

Estragon. — Mais non !

Vladimir. — Quelle idée !

Pozzo. — Mais si, mais si, vous avez été corrects. De sorte que je me demande... Que puis-je faire à mon tour pour ces braves gens qui sont en train de s'ennuyer ?

Estragon. — Même un louis serait le bienvenu.

Vladimir. — Nous ne sommes pas des mendiants.

Pozzo. — Que puis-je faire, voil... me dis, pour que le temps leur s... long ? Je leur ai donné des os, ... de choses et d'autres, je ... puscule, c'est une aff... Mais est-ce... est-c...

je suis large. C'est ma nature. Aujourd'hui. Tant
pis pour moi. (*Il tire sur la corde. Lucky le regarde.*) Car je vais souffrir, cela est certain. (*Sans
se lever, il se penche et reprend son fouet.*) Que
préférez-vous ? Qu'il danse, qu'il chante, qu'il
récite, qu'il pense, qu'il...

ESTRAGON. — Qui ?

POZZO. — Qui ! Vous savez penser, vous
autres ?

VLADIMIR. — Il pense ?

POZZO. — Parfaitement. A haute voix. Il
pensait même très joliment autrefois, je pouvais
l'écouter pendant des heures. Maintenant... (*Il
·····nne.*) Enfin, tant pis. Alors, vous voulez
·····s pense quelque chose ?

·····N. — J'aimerais mieux qu'il danse, ce
·····i.

·····s forcément.

·····e pas, Didi, que ce serait

·····ntendre pen-

...emble moins

... ieur ai expl... ai parlé

... ...aire entendue. Et ... parlé

...ce suffisant, voilà ce qui n...cré...

...e suffisant ?

ESTRAGON. — Même cent sous.

VLADIMIR. — Tais-toi !

ESTRAGON. — J'en prends le chemin.

POZZO. — Est-ce suffisant ? Sans doute.

frisson... — P...

qu'il ... — N'est-ce...

VLADIMIR. — J'aimerais bien l'ent...

ESTRAGON. — Il pourrait peut-être danser d'abord et penser ensuite ? Si ce n'est pas trop lui demander.

VLADIMIR (à Pozzo). — Est-ce possible ?

Pozzo. — Mais certainement, rien de plus facile. C'est d'ailleurs l'ordre naturel. (*Rire bref.*)

Vladimir. — Alors qu'il danse.

Silence.

Pozzo (*à Lucky*). — Tu entends ?

Estragon. — Il ne refuse jamais ?

Pozzo. — Je vous expliquerai ça tout à l'heure. (*A Lucky.*) Danse, pouacre !

Lucky dépose valise et panier, avance un peu vers la rampe, se tourne vers Pozzo. Estragon se lève pour mieux voir. Lucky danse. Il s'arrête.

Estragon. — C'est tout ?

Pozzo. — Encore !

Lucky répète les mêmes mouvements, s'arrête.

Estragon. — Eh ben, mon cochon ! (*Il imite les mouvements de Lucky.*) J'en ferais autant. (*Il imite, manque de tomber.*) Avec un peu d'entraînement.

Vladimir. — Il est fatigué.

Pozzo. — Autrefois, il dansait la farandole, l'almée, le branle, la gigue, le fandango et même le hornpipe. Il bondissait. Maintenant il ne fait plus que ça. Savez-vous comment il l'appelle ?

Estragon. — La mort du lampiste.

Vladimir. — Le cancer des vieillards.

POZZO. — La danse du filet. Il se croit em-
pêtré dans un filet.

VLADIMIR (*avec des tortillements d'esthète*).
— Il y a quelque chose...

Lucky s'apprête à retourner vers ses fardeaux.

POZZO (*comme à un cheval*). — Woooa !

Lucky s'immobilise.

ESTRAGON. — Il ne refuse jamais ?

POZZO. — Je vais vous expliquer ça. (*Il fouille
dans ses poches.*) Attendez. (*Il fouille.*) Qu'est-ce
que j'ai fait de ma poire ? (*Il fouille.*) Ça alors !
(*Il lève une tête ahurie. D'une voix mourante.*)
J'ai perdu mon pulvérisateur !

ESTRAGON (*d'une voix mourante*). — Mon
poumon gauche est très faible. (*Il tousse faiblement. D'une voix tonitruante.*) Mais mon poumon droit est en parfait état !

POZZO (*voix normale*). — Tant pis, je m'en
passerai. Qu'est-ce que je disais. (*Il réfléchit.*)
Attendez ! (*Réfléchit.*) Ça alors ! (*Il lève la tête.*)
Aidez-moi !

ESTRAGON. — Je cherche.

VLADIMIR. — Moi aussi.

POZZO. — Attendez !

Tous les trois se découvrent simultanément,

portent la main au front, se concentrent, cris-
pés. Long silence.

ESTRAGON (*triomphant*). — Ah !

VLADIMIR. — Il a trouvé.

POZZO (*impatient*). — Et alors ?

ESTRAGON. — Pourquoi ne dépose-t-il pas ses
bagages ?

VLADIMIR. — Mais non !

POZZO. — Vous êtes sûr ?

VLADIMIR. — Mais voyons, vous nous l'avez
déjà dit.

POZZO. — Je vous l'ai déjà dit ?

ESTRAGON. — Il nous l'a déjà dit ?

VLADIMIR. — D'ailleurs il les a déposés.

ESTRAGON (*coup d'œil vers Lucky*). — C'est
vrai. Et après ?

VLADIMIR. — Puisqu'il a déposé ses bagages,
il est impossible que nous ayons demandé pourquoi il ne les dépose pas.

POZZO. — Fortement raisonné !

ESTRAGON. — Et pourquoi les a-t-il déposés ?

POZZO. — Voilà.

VLADIMIR. — Afin de danser.

ESTRAGON. — C'est vrai.

POZZO (*levant la main*). — Attendez ! (*Un*

temps.) Ne dites rien ! (*Un temps.*) Ça y est. (*Il remet son chapeau.*) J'y suis.

Estragon et Vladimir remettent leurs chapeaux.

VLADIMIR. — Il a trouvé.

POZZO. — Voici comment ça se passe.

ESTRAGON. — De quoi s'agit-il ?

POZZO. — Vous allez voir. Mais c'est difficile à dire.

VLADIMIR. — Ne le dites pas.

POZZO. — Oh ! n'ayez pas peur, j'y arriverai. Mais je veux être bref, car il se fait tard. Et le moyen d'être bref et en même temps clair, je vous le demande. Laissez-moi réfléchir.

ESTRAGON. — Soyez long, ce sera moins long.

POZZO (*ayant réfléchi*). — Ça va aller. Voyez-vous, de deux choses l'une.

ESTRAGON. — C'est le délire.

POZZO. — Ou je lui demande quelque chose, de danser, chanter, penser...

VLADIMIR. — Ça va, ça va, nous avons compris.

POZZO. — Ou je ne lui demande rien. Bon. Ne m'interrompez pas. Mettons que je lui demande de... danser, par exemple. Qu'est-ce qui se produit ?

ESTRAGON. — Il se met à siffler.

POZZO (*fâché*). — Je ne dirai plus rien.

VLADIMIR. — Je vous en prie, continuez.

POZZO. — Vous m'interrompez tout le temps.

VLADIMIR. — Continuez, continuez, c'est passionnant.

POZZO. — Insistez un peu.

ESTRAGON (*joignant les mains*). — Je vous en supplie, Monsieur, poursuivez votre relation.

POZZO. — Où en étais-je ?

VLADIMIR. — Vous lui demandez de danser.

ESTRAGON. — De chanter.

POZZO. — C'est ça, je lui demande de chanter. Qu'est-ce qui se passe ? Ou bien il chante, comme je le lui avais demandé ; ou bien, au lieu de chanter, comme je le lui avais demandé, il se met à danser, par exemple, ou à penser, ou à...

VLADIMIR. — C'est clair, c'est clair, enchaînez.

ESTRAGON. — Assez !

VLADIMIR. — Pourtant ce soir, il fait tout ce que vous lui demandez.

POZZO. — C'est pour m'attendrir, pour que je le garde.

ESTRAGON. — Tout ça c'est des histoires.

VLADIMIR. — Ce n'est pas sûr.

ESTRAGON. — Tout à l'heure il va nous dire qu'il n'y avait pas un mot de vrai là-dedans.

VLADIMIR (à Pozzo). — Vous ne protestez pas ?

POZZO. — Je suis fatigué.

Silence.

ESTRAGON. — Rien ne se passe, personne ne vient, personne ne s'en va, c'est terrible.

VLADIMIR (à Pozzo). — Dites-lui de penser.

POZZO. — Donnez-lui son chapeau.

VLADIMIR. — Son chapeau ?

POZZO. — Il ne peut pas penser sans chapeau.

VLADIMIR (à Estragon). — Donne-lui son chapeau.

ESTRAGON. — Moi ! Après le coup qu'il m'a fait ! Jamais !

VLADIMIR. — Je vais le lui donner moi. (*Il ne bouge pas.*)

ESTRAGON. — Qu'il aille le chercher.

POZZO. — Il vaut mieux le lui donner.

VLADIMIR. — Je vais le lui donner.

Il ramasse le chapeau et le tend à Lucky à bout de bras. Lucky ne bouge pas.

POZZO. — Il faut le lui mettre.

ESTRAGON (à *Pozzo*). — Dites-lui de le prendre.

POZZO. — Il vaut mieux le lui mettre.

VLADIMIR. — Je vais le lui mettre.

Il contourne Lucky avec précaution, s'en approche doucement par derrière, lui met le chapeau sur la tête et recule vivement. Lucky ne bouge pas. Silence.

ESTRAGON. — Qu'est-ce qu'il attend ?

POZZO. — Eloignez-vous. (*Estragon et Vladimir s'éloignent de Lucky. Pozzo tire sur la corde. Lucky le regarde.*) Pense, porc ! (*Un temps. Lucky se met à danser.*) Arrête ! (*Lucky s'arrête.*) Avance ! (*Lucky va vers Pozzo.*) Là ! (*Lucky s'arrête.*) Pense ! (*Un temps.*)

LUCKY. — D'autre part, pour ce qui est...

POZZO. — Arrête ! (*Lucky se tait.*) Arrière ! (*Lucky recule.*) Là ! (*Lucky s'arrête.*) Hue ! (*Lucky se tourne vers le public.*) Pense !

LUCKY (*débit monotone*). — Etant donné l'existence telle qu'elle jaillit des récents travaux publics de Poinçon et Wattmann d'un Dieu personnel quaquaquaqua à barbe blanche quaqua hors du temps de l'étendue qui du haut de sa divine apathie sa divine athambie sa divine apha-

Attention
soutenue
d'Estragon
et Vladimir.
Accable-
ment et
dégoût de
Pozzo

sie nous aime bien à quelques exceptions près
on ne sait pourquoi mais ça viendra et souffre
à l'instar de la divine Miranda avec ceux qui
sont on ne sait pourquoi mais on a le temps
dans le tourment dans les feux dont les feux les
flammes pour peu que ça dure encore un peu
et qui peut en douter mettront à la fin le feu
aux poutres assavoir porteront l'enfer aux nues
si bleues par moments encore aujourd'hui et calmes si calmes d'un calme qui pour être intermit-
tent n'en est pas moins le bienvenu mais n'anticipons pas et attendu d'autre part qu'à la suite
des recherches inachevées n'anticipons pas des
recherches inachevées mais néanmoins couron-
nées par l'Acacacacadémie d'Anthropopopométrie
de Berne en Bresse de Testu et Conard il est
établi sans autre possibilité d'erreur que celle
afférente aux calculs humains qu'à la suite des
recherches inachevées inachevées de Testu et
Conard il est établi tabli tabli ce qui suit qui suit

Premiers
murmures
d'Estragon
et Vladimir.
Souffrances
accrues de
Pozzo.

qui suit assavoir mais n'anticipons pas on ne sait
pourquoi à la suite des travaux de Poinçon et
Wattmann il apparaît aussi clairement si clairement qu'en vue des labeurs de Fartov et Bel-
cher inachevés inachevés on ne sait pourquoi de
Testu et Conard inachevés inachevés il apparaît

que l'homme contrairement à l'opinion contraire
que l'homme en Bresse de Testu et Conard que
l'homme enfin bref que l'homme en bref enfin
malgré les progrès de l'alimentation et de l'éli-
mination des déchets est en train de maigrir et
en même temps parallèlement on ne sait pourquoi malgré l'essor de la culture physique de la
pratique des sports tels tels tels le tennis le foot-
ball la course et à pied et à bicyclette la natation
l'équitation l'aviation la conation le tennis le
camogie le patinage et sur glace et sur asphalte
le tennis l'aviation les sports les sports d'hiver
d'été d'automne d'automne le tennis sur gazon
sur sapin et sur terre battue l'aviation le tennis
le hockey sur terre sur mer et dans les airs la
pénicilline et succédanés bref je reprends en
même temps parallèlement de rapetisser on ne
sait pourquoi malgré le tennis je reprends l'aviation le golf tant à neuf qu'à dix-huit trous le tennis sur glace bref on ne sait pourquoi en Seine
Seine-et-Oise Seine-et-Marne Marne-et-Oise assavoir en même temps parallèlement on ne sait
pourquoi de maigrir rétrécir je reprends Oise
Marne bref la perte sèche par tête de pipe depuis
la mort de Voltaire étant de l'ordre de deux
doigts cent grammes par tête de pipe environ en

moyenne à peu près chiffres ronds bon poids
déshabillé en Normandie on ne sait pourquoi
bref enfin peu importe les faits sont là et con-
sidérant d'autre part ce qui est encore plus grave
qu'il ressort ce qui est encore plus grave qu'à
la lumière la lumière des expériences en cours
de Steinweg et Petermann il ressort ce qui est
encore plus grave qu'il ressort ce qui est encore
plus grave à la lumière la lumière des expériences abandonnées de Steinweg et Peterman qu'à
la campagne à la montagne et au bord de la
mer et des cours et d'eau et de feu l'air est le
même et la terre assavoir l'air et la terre par les
grands froids l'air et la terre faits pour les pierres par les grands froids hélas au septième de
leur ère l'éther la terre la mer pour les pierres
par les grands fonds les grands froids sur mer
sur terre et dans les airs peuchère je reprends on
ne sait pourquoi malgré le tennis les faits sont
là on ne sait pourquoi je reprends au suivant bref
enfin hélas au suivant pour les pierres qui peut
en douter je reprends mais n'anticipons pas je
reprends la tête en même temps parallèlement
on ne sait pourquoi malgré le tennis au suivant
la barbe les flammes les pleurs les pierres si bleues
si calmes hélas la tête la tête la tête la tête en

Exclama-
tions de
Vladimir et
Estragon.
Pozzo se
lève d'un
bond, tire
sur la corde
Tous crient.
Lucky tire
sur la cor-
de, trébu-
che, hurle.
Tous se
jettent sur
Lucky qui
se débat,
hurle son
texte.

Normandie malgré le tennis les labeurs abandonnés inachevés plus grave les pierres bref je
reprends hélas hélas abandonnés inachevés la
tête la tête en Normandie malgré le tennis la
tête hélas les pierres Conard Conard... (*Mêlée.
Lucky pousse encore quelques vociférations.*)
Tennis !... Les pierres !... Si calmes !... Conard !...
Inachevés !...

POZZO. — Son chapeau !

*Vladimir s'empare du chapeau de Lucky qui
se tait et tombe. Grand silence. Halètement des
vainqueurs.*

ESTRAGON. — Je suis vengé.

*Vladimir contemple le chapeau de Lucky,
regarde dedans.*

POZZO. — Donnez-moi ça ! (*Il arrache le chapeau des mains de Vladimir, le jette par terre,
saute dessus.*) Comme ça il ne pensera plus !

VLADIMIR. — Mais va-t-il pouvoir s'orien-
ter ?

POZZO. — C'èst moi qui l'orienterai. (*Il donne
des coups de pied à Lucky.*) Debout ! Porc !

ESTRAGON. — Il est peut-être mort.

VLADIMIR. — Vous allez le tuer.

POZZO. — Debout ! Charogne ! (*Il tire sur la*

*corde, Lucky glisse un peu. A Estragon et Vla-
dimir.)* Aidez-moi.

VLADIMIR. — Mais comment faire ?

POZZO. — Soulevez-le !

*Estragon et Vladimir mettent Lucky debout,
le soutiennent un moment, puis le lâchent. Il
retombe.*

ESTRAGON. — Il fait exprès.

POZZO. — Il faut le soutenir. *(Un temps.)*
Allez, allez, soulevez-le !

ESTRAGON. — Moi j'en ai marre.

VLADIMIR. — Allons, essayons encore une
fois.

ESTRAGON. — Pour qui nous prend-il ?

VLADIMIR. — Allons.

Ils mettent Lucky debout, le soutiennent.

POZZO. — Ne le lâchez pas ! *(Estragon et Vladimir chancellent.)* Ne bougez pas ! *(Pozzo va
prendre la valise et le panier et les apporte vers
Lucky.)* Tenez-le bien ! *(Il met la valise dans
la main de Lucky qui la lâche aussitôt.)* Ne le
lâchez pas ! *(Il recommence. Peu à peu, au con-
tact de la valise, Lucky reprend ses esprits et ses
doigts finissent par se resserrer autour de la poi-
gnée.)* Tenez-le toujours ! *(Même jeu avec le*

panier.) Voilà, vous pouvez le lâcher. (*Estragon et Vladimir s'écartent de Lucky qui trébuche, chancelle, ploie, mais reste debout, valise et panier à la main. Pozzo recule, fait claquer son fouet.*) En avant ! (*Lukcy avance.*) Arrière ! (*Lucky recule.*) Tourne ! (*Lucky se retourne.*) Ça y est, il peut marcher. (*Se tournant vers Estragon et Vladimir.*) Merci, Messieurs, et laissez-moi vous — (*il fouille dans ses poches*) — vous souhaiter — (*il fouille*) — vous souhaiter — (*il fouille*) — mais où ai-je donc mis ma montre ? (*Il fouille.*) Ça alors ! (*Il lève une tête défaite.*) Une véritable savonnette. Messieurs, à secondes trotteuses. C'est mon pépé qui me l'a donnée. (*Il fouille.*) Elle est peut-être tombée. (*Il cherche par terre, ainsi que Vladimir et Estragon. Pozzo retourne de son pied les restes du chapeau de Lucky.*) Ça par exemple !

POZZO. — Attendez. (*Il se plie en deux, approche sa tête de son ventre, écoute.*) Je n'entends rien ! (*Il leur fait signe de s'approcher.*) Venez voir. (*Estragon et Vladimir vont vers lui, se penchent sur son ventre. Silence.*) Il me semble qu'on devrait entendre le tic-tac.

VLADIMIR. — Elle est peut-être dans votre gousset.

VLADIMIR. — Silence !

Tous écoutent, penchés.

ESTRAGON. — J'entends quelque chose.

POZZO. — Où ?

VLADIMIR. — C'est le cœur.

POZZO (*déçu*). — Merde alors !

VLADIMIR. — Silence !

Ils écoutent.

ESTRAGON. — Peut-être qu'elle s'est arrêtée.

Ils se redressent.

POZZO. — Lequel de vous sent si mauvais ?

ESTRAGON. — Lui pue de la bouche, moi des pieds.

POZZO. — Je vais vous quitter.

ESTRAGON. — Et votre savonnette ?

POZZO. — J'ai dû la laisser au château.

ESTRAGON. — Alors adieu.

POZZO. — Adieu.

VLADIMIR. — Adieu.

ESTRAGON. — Adieu.

Silence. Personne ne bouge.

VLADIMIR. — Adieu.

POZZO. — Adieu.

ESTRAGON. — Adieu.

Silence.

POZZO. — Et merci.

VLADIMIR. — Merci à vous.

POZZO. — De rien.

ESTRAGON. — Mais si.

POZZO. — Mais non.

VLADIMIR. — Mais si.

ESTRAGON. — Mais non.

Silence.

POZZO. — Je n'arrive pas... (*il hésite*) ... à partir.

ESTRAGON. — C'est la vie.

Pozzo se retourne, s'éloigne de Lucky, vers la coulisse, filant la corde au fur et à mesure.

VLADIMIR. — Vous allez dans le mauvais sens.

POZZO. — Il me faut de l'élan. (*Arrivé au bout de la corde, c'est-à-dire dans la coulisse, il s'arrête, se retourne, crie.*) Ecartez-vous ! (*Estragon et Vladimir se rangent au fond, regardent vers Pozzo. Bruit de fouet.*) En avant ! (*Lucky ne bouge pas.*)

ESTRAGON. — En avant !

VLADIMIR. — En avant !

Bruit de fouet. Lucky s'ébranle.

POZZO. — Plus vite ! (*Il sort de la coulisse, traverse la scène à la suite de Lucky. Estragon*

*et Vladimir se découvrent, agitent la main.
Lucky sort. Pozzo fait claquer corde et fouet.)*
Plus vite ! Plus vite ! (*Au moment de disparaître à son tour, Pozzo s'arrête, se retourne. La
corde se tend. Bruit de Lucky qui tombe.)* Mon
pliant ! (*Vladimir va chercher le pliant et le
donne à Pozzo qui le jette vers Lucky.)* Adieu !

ESTRAGON, VLADIMIR (*agitant la main*). —
Adieu ! Adieu !

POZZO. — Debout ! Porc ! (*Bruit de Lucky
qui se lève.)* En avant ! (*Pozzo sort. Bruit de
fouet.)* En avant ! Adieu ! Plus vite ! Porc ! Hue !
Adieu !

> *Silence.*

VLADIMIR. — Ça a fait passer le temps.

ESTRAGON. — Il serait passé sans ça.

VLADIMIR. — Oui. Mais moins vite.

> *Un temps.*

ESTRAGON. — Qu'est-ce qu'on fait maintenant ?

VLADIMIR. — Je ne sais pas.

ESTRAGON. — Allons-nous-en.

VLADIMIR. — On ne peut pas.

ESTRAGON. — Pourquoi ?

VLADIMIR. — On attend Godot.

ESTRAGON. — C'est vrai.

Un temps.

VLADIMIR. — Ils ont beaucoup changé.

ESTRAGON. — Qui ?

VLADIMIR. — Ces deux-là.

ESTRAGON. — C'est ça, faisons un peu de conversation.

VLADIMIR. — N'est-ce pas qu'ils ont beaucoup changé ?

ESTRAGON. — C'est probable. Il n'y a que nous qui n'y arrivons pas.

VLADIMIR. — Probable ? C'est certain. Tu les as bien vus ?

ESTRAGON. — Si tu veux. Mais je ne les connais pas.

VLADIMIR. — Mais si, tu les connais.

ESTRAGON. — Mais non.

VLADIMIR. — Nous les connaissons, je te dis. Tu oublies tout. (*Un temps.*) A moins que ce ne soient pas les mêmes.

ESTRAGON. — La preuve, ils ne nous ont pas reconnus.

VLADIMIR. — Ça ne veut rien dire. Moi aussi j'ai fait semblant de ne pas les reconnaître. Et puis nous, on ne nous reconnaît jamais.

6

ESTRAGON. — Assez. Ce qu'il faut — Aïe ! (*Vladimir ne bronche pas.*) Aïe !

VLADIMIR. — A moins que ce ne soient pas les mêmes.

ESTRAGON. — Didi ! C'est l'autre pied ! (*Il se dirige en boitillant vers l'endroit où il était assis au lever du rideau.*)

VOIX EN COULISSE. — Monsieur !

Estragon s'arrête. Tous les deux regardent en direction de la voix.

ESTRAGON. — Ça recommence.

VLADIMIR. — Approche, mon enfant.

Entre un jeune garçon, craintivement. Il s'arrête.

GARÇON. — Monsieur Albert ?

VLADIMIR. — C'est moi.

ESTRAGON. — Qu'est-ce que tu veux ?

VLADIMIR. — Avance.

> Le garçon ne bouge pas.

ESTRAGON (*avec force*). — Avance, on te dit !

> Le garçon avance craintivement, s'arrête.

VLADIMIR. — Qu'est-ce que c'est ?

GARÇON. — C'est Monsieur Godot — (*Il se tait.*)

VLADIMIR. — Evidemment. (*Un temps.*)
Approche.

> *Le garçon ne bouge pas.*

ESTRAGON (*avec force*). — Approche, on te
dit ! (*Le garçon avance craintivement, s'arrête.*)
Pourquoi tu viens si tard ?

VLADIMIR. — Tu as un message de Monsieur
Godot ?

GARÇON. — Oui Monsieur.

VLADIMIR. — Eh bien, dis-le.

ESTRAGON. — Pourquoi tu viens si tard ?

*Le garçon les regarde l'un après l'autre, ne
sachant à qui répondre.*

VLADIMIR (*à Estragon*). — Laisse-le tranquille.

ESTRAGON (*à Vladimir*). — Fous-moi la paix
toi. (*Avançant, au garçon.*) Tu sais l'heure qu'il
est ?

GARÇON (*reculant*). — Ce n'est pas ma faute,
Monsieur !

ESTRAGON. — C'est la mienne peut-être.

GARÇON. — J'avais peur, Monsieur.

ESTRAGON. — Peur de quoi ? De nous ? (*Un
temps.*) Réponds !

VLADIMIR. — Je vois ce que c'est, ce sont les
autres qui lui ont fait peur.

ESTRAGON. — Il y a combien de temps que tu es là ?

GARÇON. — Il y a un moment, Monsieur.

VLADIMIR. — Tu as eu peur du fouet ?

GARÇON. — Oui Monsieur.

VLADIMIR. — Des cris ?

GARÇON. — Oui Monsieur.

VLADIMIR. — Des deux messieurs ?

GARÇON. — Oui Monsieur.

VLADIMIR. — Tu les connais

GARÇON. — Non Monsieur.

VLADIMIR. — Tu es d'ici ?

GARÇON. — Oui Monsieur.

ESTRAGON. — Tout ça c'est des mensonges ! (*Il prend le garçon par le bras, le secoue.*) Dis-nous la vérité !

GARÇON (*tremblant*). — Mais c'est la vérité, Monsieur.

VLADIMIR. — Mais laisse-le donc tranquille ! Qu'est-ce que tu as ? (*Estragon lâche le garçon, recule, porte ses mains au visage. Vladimir et le garçon le regardent. Estragon découvre son visage, décomposé.*) Qu'est-ce que tu as ?

ESTRAGON. — Je suis malheureux.

VLADIMIR. — Sans blague ! Depuis quand ?

ESTRAGON. — J'avais oublié.

VLADIMIR. — La mémoire nous joue de ces tours. (*Estragon veut parler, y renonce, va en boitillant s'asseoir et commence à se déchausser. Au garçon.*) Eh bien ?

GARÇON. — Monsieur Godot...

VLADIMIR (*l'interrompant*). — Je t'ai déjà vu, n'est-ce pas ?

GARÇON. — Je ne sais pas, Monsieur.

VLADIMIR. — Tu ne me connais pas ?

GARÇON. — Non Monsieur.

VLADIMIR. — Tu n'es pas venu hier ?

GARÇON. — Non Monsieur.

VLADIMIR. — C'est la première fois que tu viens ?

GARÇON. — Oui Monsieur.

Silence.

VLADIMIR. — On dit ça. (*Un temps.*) Eh bien, continue.

GARÇON (*d'un trait*). — Monsieur Godot m'a dit de vous dire qu'il ne viendra pas ce soir mais sûrement demain.

VLADIMIR. — C'est tout ?

GARÇON. — Oui Monsieur.

VLADIMIR. — Tu travailles pour Monsieur Godot ?

GARÇON. — Oui Monsieur.

VLADIMIR. — Qu'est-ce que tu fais ?

GARÇON. — Je garde les chèvres, Monsieur.

VLADIMIR. — Il est gentil avec toi ?

GARÇON. — Oui Monsieur.

VLADIMIR. — Il ne te bat pas ?

GARÇON. — Non Monsieur, pas moi.

VLADIMIR. — Qui est-ce qu'il bat ?

GARÇON. — Il bat mon frère, Monsieur.

VLADIMIR. — Ah ! tu as un frère ?

GARÇON. — Oui Monsieur.

VLADIMIR. — Qu'est-ce qu'il fait ?

GARÇON. — Il garde les brebis, Monsieur.

VLADIMIR. — Et pourquoi il ne te bat pas, toi ?

GARÇON. — Je ne sais pas, Monsieur.

VLADIMIR. — Il doit t'aimer.

GARÇON. — Je ne sais pas, Monsieur.

VLADIMIR. — Il te donne assez à manger ? (*Le garçon hésite.*) Est-ce qu'il te donne bien à manger ?

GARÇON. — Assez bien, Monsieur.

VLADIMIR. — Tu n'es pas malheureux ? (*Le garçon hésite.*) Tu entends ?

GARÇON. — Oui Monsieur.

VLADIMIR. — Et alors ?

GARÇON. — Je ne sais pas, Monsieur.

VLADIMIR. — Tu ne sais pas si tu es malheureux ou non ?

GARÇON. — Non Monsieur.

VLADIMIR. — C'est comme moi. (*Un temps.*) Où c'est que tu couches ?

GARÇON. — Dans le grenier, Monsieur.

VLADIMIR. — Avec ton frère ?

GARÇON. — Oui Monsieur.

VLADIMIR. — Dans le foin ?

GARÇON. — Oui Monsieur.

Un temps.

VLADIMIR. — Bon, va-t-en.

GARÇON. — Qu'est-ce que je dois dire à Monsieur Godot, Monsieur ?

VLADIMIR. — Dis lui... (*Il hésite.*) Dis-lui que tu nous as vus. (*Un temps.*) Tu nous a bien vus, n'est-ce pas ?

GARÇON. — Oui Monsieur. (*Il recule, hésite, se retourne et sort en courant.*)

La lumière se met brusquement à baisser. En un instant il fait nuit. La lune se lève, au fond, monte dans le ciel, s'immobilise, baignant la scène d'une clarté argentée.

VLADIMIR. — Enfin ! (*Estragon se lève et va vers Vladimir, ses deux chaussures à la main. Il les dépose près de la rampe, se redresse et regarde la lune.*) Qu'est-ce que tu fais ?

ESTRAGON. — Je fais comme toi, je regarde la blafarde.

VLADIMIR. — Je veux dire avec tes chaussures.

ESTRAGON. — Je les laisse là. (*Un temps.*) Un autre viendra, aussi... aussi... que moi, mais chaussant moins grand, et elles feront son bonheur.

VLADIMIR. — Mais tu ne peux pas aller pieds nus.

ESTRAGON. — Jésus l'a fait.

VLADIMIR. — Jésus ! Qu'est-ce que tu vas chercher là ! Tu ne vas tout de même pas te comparer à lui !

ESTRAGON. — Toute ma vie je me suis comparé à lui.

VLADIMIR. — Mais là-bas il faisait chaud ! Il faisait bon !

ESTRAGON. — Oui. Et on crucifiait vite.

Silence.

VLADIMIR. — Nous n'avons plus rien à faire ici.

ESTRAGON. — Ni ailleurs.

VLADIMIR. — Voyons, Gogo, ne sois pas comme ça. Demain tout ira mieux.

ESTRAGON. — Comment ça ?

VLADIMIR. — Tu n'as pas entendu ce que le gosse a dit ?

ESTRAGON. — Non.

VLADIMIR. — Il a dit que Godot viendra sûrement demain. (*Un temps.*) Ça ne te dit rien ?

ESTRAGON. — Alors il n'y a qu'à attendre ici.

VLADIMIR. — Tu es fou ! Il faut s'abriter. (*Il prend Estragon par le bras.*) Viens. (*Il le tire. Estragon cède d'abord, puis résiste. Ils s'arrêtent.*)

ESTRAGON (*regardant l'arbre*). — Dommage qu'on n'ait pas un bout de corde.

VLADIMIR. — Viens. Il commence à faire froid. (*Il le tire. Même jeu.*)

ESTRAGON. — Fais-moi penser d'apporter une corde demain.

VLADIMIR. — Oui. Viens. (*Il le tire. Même jeu.*)

ESTRAGON. — Ça fait combien de temps que nous sommes tout le temps ensemble ?

VLADIMIR. — Je ne sais pas. Cinquante ans peut-être.

ESTRAGON. — Tu te rappelles le jour où je me suis jeté dans la Durance ?

VLADIMIR. — On faisait les vendanges.

ESTRAGON. — Tu m'as repêché.

VLADIMIR. — Tout ça est mort et enterré.

ESTRAGON. — Mes vêtements ont séché au soleil.

VLADIMIR. — N'y pense plus, va. Viens. (*Même jeu.*)

ESTRAGON. — Attends.

VLADIMIR. — J'ai froid.

ESTRAGON. — Je me demande si on n'aurait pas mieux fait de rester seuls, chacun de son côté. (*Un temps.*) On n'était pas fait pour le même chemin.

VLADIMIR (*sans se fâcher*). — Ce n'est pas sûr.

ESTRAGON. — Non, rien n'est sûr.

VLADIMIR. — On peut toujours se quitter, si tu crois que ça vaut mieux.

ESTRAGON. — Maintenant ce n'est plus la peine.

Silence.

VLADIMIR. — C'est vrai, maintenant ce n'est plus la peine.

Silence.

ESTRAGON. — Alors on y va ?

VLADIMIR. — Allons-y.

Ils ne bougent pas.

RIDEAU

ACTE DEUXIÈME

ACTE DEUXIEME

Lendemain. Même heure. Même endroit.

Chaussures d'Estragon près de la rampe, talons joints, bouts écartés. Chapeau de Lucky à la même place.

L'arbre est couvert de feuilles.

Entre Vladimir, vivement. Il s'arrête et regarde longuement l'arbre. Puis brusquement il se met à arpenter vivement la scène dans tous les sens. Il s'immobilise à nouveau devant les chaussures, se baisse, en ramasse une, l'examine, la renifle, la remet soigneusement à sa place. Il reprend son va-et-vient précipité. Il s'arrête près de la coulisse droite, regarde longuement au loin, la main en écran devant les yeux. Va et vient. S'arrête près de la coulisse gauche, même jeu. Va et vient. S'arrête brusquement, joint les mains sur la poitrine, rejette la tête en arrière et se met à chanter à tue-tête.

VLADIMIR :

Un chien vint dans...

Ayant commencé trop bas, il s'arrête, tousse, reprend plus haut :

Un chien vint dans l'office
Et prit une andouillette.
Alors à coups de louche
Le chef le mit en miettes.

Les autres chiens ce voyant
Vite vite l'ensevelirent...

Il s'arrête, se recueille, puis reprend :

Les autres chiens ce voyant
Vite vite l'ensevelirent
Au pied d'une croix en bois blanc
Où le passant pouvait lire :

Un chien vint dans l'office
Et prit une andouillette.
Alors à coups de louche
Le chef le mit en miettes.
Les autres chiens ce voyant
Vite vite l'ensevelirent...

Il s'arrête. Même jeu.

Les autres chiens ce voyant
Vite vite l'ensevelirent...

Il s'arrête. Même jeu. Plus bas.

Vite vite l'ensevelirent...

Il se tait, reste un moment immobile, puis se remet à arpenter fébrilement la scène dans tous les sens. Il s'arrête à nouveau devant l'arbre, va et vient, devant les chaussures, va et vient, court à la coulisse gauche, regarde au loin, à la coulisse droite, regarde au loin. A ce moment Estragon entre par la coulisse gauche, pieds nus, tête basse, et traverse lentement la scène. Vladimir se retourne et le voit.

VLADIMIR. — Encore toi ! (*Estragon s'arrête mais ne lève pas la tête. Vladimir va vers lui.*) Viens que je t'embrasse !

ESTRAGON. — Ne me touche pas !

Vladimir suspend son vol, peiné. Silence.

7

VLADIMIR. — Veux-tu que je m'en aille ?
(*Un temps.*) Gogo ! (*Un temps. Vladimir le
regarde avec attention.*) On t'a battu ? (*Un
temps.*) Gogo ! (*Estragon se tait toujours, la tête
basse.*) Où as-tu passé la nuit ? (*Silence. Vladimir avance.*)

ESTRAGON. — Ne me touche pas ! Ne me
demande rien ! Ne me dis rien ! Reste avec moi !

VLADIMIR. — Est-ce que je t'ai jamais quitté ?

ESTRAGON. — Tu m'as laissé partir.

VLADIMIR. — Regarde-moi ! (*Estragon ne
bouge pas. D'une voix tonnante.*) Regarde-moi,
je te dis !

*Estragon lève la tête. Ils se regardent longue-
ment, en reculant, avançant et penchant la tête
comme devant un objet d'art, tremblant de plus
en plus l'un vers l'autre, puis soudain s'étrei-
gnent, en se tapant sur le dos. Fin de l'étreinte.
Estragon, n'étant plus soutenu, manque de tomber.*

ESTRAGON. — Quelle journée !

VLADIMIR. — Qui t'a esquinté ? Raconte-
moi.

ESTRAGON. — Voilà encore une journée de
tirée.

VLADIMIR. — Pas encore.

ESTRAGON. — Pour moi elle est terminée, quoi qu'il arrive. (*Silence.*) Tout à l'heure, tu chantais, je t'ai entendu.

VLADIMIR. — C'est vrai, je me rappelle.

ESTRAGON. — Cela m'a fait de la peine. Je me disais, Il est seul, il me croit parti pour toujours et il chante.

VLADIMIR. — On ne commande pas à son humeur. Toute la journée je me suis senti dans une forme extraordinaire. (*Un temps.*) Je ne me suis pas levé de la nuit, pas une seule fois.

ESTRAGON (*tristement*). — Tu vois, tu pisses mieux quand je ne suis pas là.

VLADIMIR. — Tu me manquais — et en même temps j'étais content. N'est-ce pas curieux ?

ESTRAGON (*outré*). — Content ?

VLADIMIR (*ayant réfléchi*). — Ce n'est peut-être pas le mot.

ESTRAGON. — Et maintenant ?

VLADIMIR (*s'étant consulté*). — Maintenant... (*joyeux*) te revoilà... (*neutre*) nous revoilà... (*triste*) me revoilà.

ESTRAGON. — Tu vois, tu vas moins bien quand je suis là. Moi aussi, je me sens mieux seul.

VLADIMIR (*piqué*). — Alors pourquoi rappliquer ?

ESTRAGON. — Je ne sais pas.

VLADIMIR. — Mais moi je le sais. Parce que tu ne sais pas te défendre. Moi je ne t'aurais pas laissé battre.

ESTRAGON. — Tu n'aurais pas pu l'empêcher.

VLADIMIR. — Pourquoi ?

ESTRAGON. — Ils étaient dix.

VLADIMIR. — Mais non, je veux dire que je t'aurais empêché de t'exposer à être battu.

ESTRAGON. — Je ne faisais rien.

VLADIMIR. — Alors pourquoi ils t'ont battu ?

ESTRAGON. — Je ne sais pas.

VLADIMIR. — Non, vois-tu, Gogo, il y a des choses qui t'échappent qui ne m'échappent pas à moi. Tu dois le sentir.

ESTRAGON. — Je te dis que je ne faisais rien.

VLADIMIR. — Peut-être bien que non. Mais il y a la manière, il y a la manière, si on tient à sa peau. Enfin, ne parlons plus de ça. Te voilà revenu, et j'en suis bien content.

ESTRAGON. — Ils étaient dix.

VLADIMIR. — Toi aussi, tu dois être content, au fond, avoue-le.

ESTRAGON. — Content de quoi ?

VLADIMIR. — De m'avoir retrouvé.

ESTRAGON. — Tu crois ?

VLADIMIR. — Dis-le, même si ce n'est pas vrai.

ESTRAGON. — Qu'est-ce que je dois dire ?

VLADIMIR. — Dis, Je suis content.

ESTRAGON. — Je suis content.

VLADIMIR. — Moi aussi.

ESTRAGON. — Moi aussi.

VLADIMIR. — Nous sommes contents.

ESTRAGON. — Nous sommes contents. (Silence.) Qu'est-ce qu'on fait, maintenant qu'on est content ?

VLADIMIR. — On attend Godot.

ESTRAGON. — C'est vrai.

                                        Silence.

VLADIMIR. — Il y a du nouveau ici, depuis hier.

ESTRAGON. — Et s'il ne vient pas ?

VLADIMIR (après un moment d'incompréhension). — Nous aviserons. (Un temps.) Je te dis qu'il y a du nouveau ici, depuis hier.

ESTRAGON. — Tout suinte.

VLADIMIR. — Regarde-moi l'arbre.

ESTRAGON. — On ne descend pas deux fois dans le même pus.

VLADIMIR. — L'arbre, je te dis, regarde-le.

Estragon regarde l'arbre.

ESTRAGON. — Il n'était pas là hier ?

VLADIMIR. — Mais si. Tu ne te rappelles pas. Il s'en est fallu d'un cheveu qu'on ne s'y soit pendu. (*Il réfléchit.*) Oui, c'est juste (*en détachant les mots*) qu'on - ne - s'y - soit - pendu. Mais tu n'as pas voulu. Tu ne te rappelles pas ?

ESTRAGON. — Tu l'as rêvé.

VLADIMIR. — Est-ce possible que tu aies oublié déjà ?

ESTRAGON. — Je suis comme ça. Ou j'oublie tout de suite ou je n'oublie jamais.

VLADIMIR. — Et Pozzo et Lucky, tu as oublié aussi ?

ESTRAGON. — Pozzo et Lucky ?

VLADIMIR. — Il a tout oublié !

ESTRAGON. — Je me rappelle un énergumène qui m'a foutu des coups de pied. Ensuite il a fait le con.

VLADIMIR. — C'était Lucky !

ESTRAGON. — Ça je m'en souviens. Mais quand c'était ?

VLADIMIR. — Et l'autre qui le menait, tu t'en souviens aussi ?

ESTRAGON. — Il m'a donné des os.

VLADIMIR. — C'était Pozzo !

ESTRAGON. — Et tu dis que c'était hier, tout ça ?

VLADIMIR. — Mais oui, voyons.

ESTRAGON. — Et à cet endroit ?

VLADIMIR. — Mais bien sûr ! Tu ne reconnais pas ?

ESTRAGON (*soudain furieux*). — Reconnais ! Qu'est-ce qu'il y a à reconnaître ? J'ai tiré ma roulure de vie au milieu des sables ! Et tu veux que j'y voie des nuances ! (*Regard circulaire.*) Regarde-moi cette saloperie ! Je n'en ai jamais bougé !

VLADIMIR. — Du calme, du calme.

ESTRAGON. — Alors fous-moi la paix avec tes paysages ! Parle-moi du sous-sol !

VLADIMIR. — Tout de même, tu ne vas pas me dire que ça (*geste*) ressemble au Vaucluse ! Il y a quand même une grosse différence.

ESTRAGON. — Le Vaucluse ! Qui te parle du Vaucluse ?

VLADIMIR. — Mais tu as bien été dans le Vaucluse ?

ESTRAGON. — Mais non, je n'ai jamais été dans le Vaucluse ! J'ai coulé toute ma chaude-pisse d'existence ici, je te dis ! Ici ! Dans la Mer-decluse !

VLADIMIR. — Pourtant nous avons été ensemble dans le Vaucluse, j'en mettrais ma main au feu. Nous avons fait les vendanges, tiens, chez un nommé Bonnelly, à Roussillon.

ESTRAGON (*plus calme*). — C'est possible. Je n'ai rien remarqué.

VLADIMIR. — Mais là-bas tout est rouge !

ESTRAGON (*excédé*). — Je n'ai rien remarqué, je te dis !

Silence. Vladimir soupire profondément.

VLADIMIR. — Tu es difficile à vivre, Gogo.

ESTRAGON. — On ferait mieux de se séparer.

VLADIMIR. — Tu dis toujours ça. Et chaque fois tu reviens.

Silence.

ESTRAGON. — Pour bien faire, il faudrait me tuer, comme l'autre.

VLADIMIR. — Quel autre ? (*Un temps.*) Quel autre ?

ESTRAGON. — Comme des billions d'autres.

VLADIMIR (*sentencieux*). — A chacun sa petite

croix. (*Il soupire.*) Pendant le petit pendant et le bref après.

ESTRAGON. — En attendant, essayons de converser sans nous exalter, puisque nous sommes incapables de nous taire.

VLADIMIR. — C'est vrai, nous sommes intarissables.

ESTRAGON. — C'est pour ne pas penser.

VLADIMIR. — Nous avons des excuses.

ESTRAGON. — C'est pour ne pas entendre.

VLADIMIR. — Nous avons nos raisons.

ESTRAGON. — Toutes les voix mortes.

VLADIMIR. — Ça fait un bruit d'ailes.

ESTRAGON. — De feuilles.

VLADIMIR. — De sable.

ESTRAGON. — De feuilles.

Silence.

VLADIMIR. — Elles parlent toutes en même temps.

ESTRAGON. — Chacune à part soi.

Silence.

VLADIMIR. — Plutôt elles chuchotent.

ESTRAGON. — Elles murmurent.

VLADIMIR. — Elles bruissent.

ESTRAGON. — Elles murmurent.

Silence.

VLADIMIR. — Que disent-elles ?

ESTRAGON. — Elles parlent de leur vie.

VLADIMIR. — Il ne leur suffit pas d'avoir vécu.

ESTRAGON. — Il faut qu'elles en parlent.

VLADIMIR. — Il ne leur suffit pas d'être mortes.

ESTRAGON. — Ce n'est pas assez.

Silence.

VLADIMIR. — Ça fait comme un bruit de plumes.

ESTRAGON. — De feuilles.

VLADIMIR. — De cendres.

ESTRAGON. — De feuilles.

Long silence.

VLADIMIR. — Dis quelque chose !

ESTRAGON. — Je cherche.

Long silence.

VLADIMIR (*angoissé*). — Dis n'importe quoi !

ESTRAGON. — Qu'est-ce qu'on fait maintenant ?

VLADIMIR. — On attend Godot.

ESTRAGON. — C'est vrai.

Silence.

VLADIMIR. — Ce que c'est difficile !

ESTRAGON. — Si tu chantais ?

VLADIMIR. — Non non. (*Il cherche.*) On n'a qu'à recommencer.

ESTRAGON. — Ça ne me semble pas bien difficile en effet.

VLADIMIR. — C'est le départ qui est difficile.

ESTRAGON. — On peut partir de n'importe quoi.

VLADIMIR. — Oui, mais il faut se décider.

ESTRAGON. — C'est vrai.

Silence.

VLADIMIR. — Aide-moi !

ESTRAGON. — Je cherche.

Silence.

VLADIMIR. — Quand on cherche on entend.

ESTRAGON. — C'est vrai.

VLADIMIR. — Ça empêche de trouver.

ESTRAGON. — Voilà.

VLADIMIR. — Ça empêche de penser.

ESTRAGON. — On pense quand même.

VLADIMIR. — Mais non, c'est impossible.

ESTRAGON. — C'est ça, contredisons-nous.

VLADIMIR. — Impossible.

ESTRAGON. — Tu crois ?

VLADIMIR. — Nous ne risquons plus de penser.

ESTRAGON. — Alors de quoi nous plaignons-nous ?

VLADIMIR. — Ce n'est pas le pire, de penser.

ESTRAGON. — Bien sûr, bien sûr, mais c'est déjà ça.

VLADIMIR. — Comment, c'est déjà ça ?

ESTRAGON. — C'est ça, posons-nous des questions.

VLADIMIR. — Qu'est-ce que tu veux dire, c'est déjà ça ?

ESTRAGON. — C'est déjà ça en moins.

VLADIMIR. — Evidemment.

ESTRAGON. — Alors ? Si on s'estimait heureux ?

VLADIMIR. — Ce qui est terrible, c'est d'avoir pensé.

ESTRAGON. — Mais cela nous est-il jamais arrivé ?

VLADIMIR. — D'où viennent tous ces cadavres ?

ESTRAGON. — Ces ossements.

VLADIMIR. — Voilà.

ESTRAGON. — Evidemment.

VLADIMIR. — On a dû penser un peu.

ESTRAGON. — Tout à fait au commencement.

VLADIMIR. — Un charnier, un charnier.

ESTRAGON. — Il n'y a qu'à ne pas regarder.

VLADIMIR. — Ça tire l'œil.

ESTRAGON. — C'est vrai.

VLADIMIR. — Malgré qu'on en ait.

ESTRAGON. — Comment ?

VLADIMIR. — Malgré qu'on en ait.

ESTRAGON. — Il faudrait se tourner résolument vers la nature.

VLADIMIR. — Nous avons essayé.

ESTRAGON. — C'est vrai.

VLADIMIR. — Oh, ce n'est pas le pire, bien sûr.

ESTRAGON. — Quoi donc ?

VLADIMIR. — D'avoir pensé.

ESTRAGON. — Evidemment.

VLADIMIR. — Mais on s'en serait passé.

ESTRAGON. — Qu'est-ce que tu veux ?

VLADIMIR. — Je sais, je sais.

Silence.

ESTRAGON. — Ce n'était pas si mal comme petit galop.

VLADIMIR. — Oui, mais maintenant il va falloir trouver autre chose.

ESTRAGON. — Voyons.

VLADIMIR. — Voyons.

ESTRAGON. — Voyons.

Ils réfléchissent.

VLADIMIR. — Qu'est-ce que je disais ? On pourrait reprendre là.

ESTRAGON. — Quand ?

VLADIMIR. — Tout à fait au début.

ESTRAGON. — Au début de quoi ?

VLADIMIR. — Ce soir. Je disais... je disais...

ESTRAGON. — Ma foi, là tu m'en demandes trop.

VLADIMIR. — Attends... on s'est embrassé... on était content... content... qu'est-ce qu'on fait maintenant qu'on est content... on attend... voyons... ça vient... on attend... maintenant qu'on est content... on attend... voyons... ah ! L'arbre !

ESTRAGON. — L'arbre ?

VLADIMIR. — Tu ne te rappelles pas ?

ESTRAGON. — Je suis fatigué.

VLADIMIR. — Regarde-le.

Estragon regarde l'arbre.

ESTRAGON. — Je ne vois rien.

VLADIMIR. — Mais hier soir il était tout noir et squelettique ! Aujourd'hui il est couvert de feuilles.

ESTRAGON. — De feuilles ?

VLADIMIR. — Dans une seule nuit !

ESTRAGON. — On doit être au printemps.

VLADIMIR. — Mais dans une seule nuit !

ESTRAGON. — Je te dis que nous n'étions pas là hier soir. Tu l'as cauchemardé.

VLADIMIR. — Et où étions-nous hier soir, d'après toi ?

ESTRAGON. — Je ne sais pas. Ailleurs. Dans un autre compartiment. Ce n'est pas le vide qui manque.

VLADIMIR (*sûr de son fait*). — Bon. Nous n'étions pas là hier soir. Maintenant qu'est-ce que nous avons fait hier soir ?

ESTRAGON. — Ce que nous avons fait ?

VLADIMIR. — Essaie de te rappeler.

ESTRAGON. — Eh ben... nous avons dû bavarder.

VLADIMIR (*se maîtrisant*). — A propos de quoi ?

ESTRAGON. — Oh... à bâtons rompus peut-être, à propos de bottes. (*Avec assurance.*) Voilà, je me rappelle, hier soir nous avons bavardé, à propos de bottes. Il y a un demi-siècle que ça dure.

VLADIMIR. — Tu ne te rappelles aucun fait, aucune circonstance ?

ESTRAGON (*las*). — Ne me tourmente pas, Didi.

VLADIMIR. — Le soleil ? La lune ? Tu ne te rappelles pas ?

ESTRAGON. — Ils devaient être là, comme d'habitude.

VLADIMIR. — Tu n'as rien remarqué d'insolite ?

ESTRAGON. — Hélas.

VLADIMIR. — Et Pozzo ? Et Lucky ?

ESTRAGON. — Pozzo ?

VLADIMIR. — Les os.

ESTRAGON. — On aurait dit des arêtes.

VLADIMIR. — C'est Pozzo qui te les a donnés.

ESTRAGON. — Je ne sais pas.

VLADIMIR. — Et le coup de pied.

ESTRAGON. — Le coup de pied ? C'est vrai, on m'a donné des coups de pied.

VLADIMIR. — C'est Lucky qui te les a donnés. .

ESTRAGON. — C'était hier, tout ça ?

VLADIMIR. — Fais voir ta jambe.

ESTRAGON. — Laquelle ?

VLADIMIR. — Les deux. Relève ton pantalon. (*Estragon, sur un pied, tend la jambe vers Vladimir, manque de tomber. Vladimir prend la jambe. Estragon chancelle.*) Relève ton pantalon.

ESTRAGON (*titubant*). — Je ne peux pas.

Vladimir relève le pantalon, regarde la jambe,
la lâche. Estragon manque de tomber.

VLADIMIR. — L'autre. (*Estragon donne la*
même jambe.) L'autre, je te dis ! (*Même jeu avec*
l'autre jambe.) Voilà la plaie en train de s'in-
fecter.

ESTRAGON. — Et après ?

VLADIMIR. — Où sont tes chaussures ?

ESTRAGON. — J'ai dû les jeter.

VLADIMIR. — Quand ?

ESTRAGON. — Je ne sais pas.

VLADIMIR. — Pourquoi ?

ESTRAGON. — Je ne me rappelle pas.

VLADIMIR. — Non, je veux dire pourquoi tu
les as jetées ?

ESTRAGON. — Elles me faisaient mal.

VLADIMIR (*montrant les chaussures*). — Les
voilà. (*Estragon regarde les chaussures.*) A l'endroit même où tu les as posées hier soir.

Estragon va vers les chaussures, se penche,
les inspecte de près.

ESTRAGON. — Ce ne sont pas les miennes.

VLADIMIR. — Pas les tiennes !

8

ESTRAGON. — Les miennes étaient noires. Celles-ci sont jaunes.

VLADIMIR. — Tu es sûr que les tiennes étaient noires ?

ESTRAGON. — C'est-à-dire qu'elles étaient grises.

VLADIMIR. — Et celles-ci sont jaunes ? Fais voir.

ESTRAGON (*soulevant une chaussure*). — Enfin, elles sont verdâtres.

VLADIMIR (*avançant*). — Fais voir. (*Estragon lui donne la chaussure. Vladimir la regarde, la jette avec colère.*) Ça alors !

ESTRAGON. — Tu vois, tout ça c'est des...

VLADIMIR. — Je vois ce que c'est. Oui, je vois ce qui s'est passé.

ESTRAGON. — Tout ça c'est des...

VLADIMIR. — C'est simple comme bonjour. Un type est venu qui a pris les tiennes et t'a laissé les siennes.

ESTRAGON. — Pourquoi ?

VLADIMIR. — Les siennes ne lui allaient pas. Alors il a pris les tiennes.

ESTRAGON. — Mais les miennes étaient trop petites.

VLADIMIR. — Pour toi. Pas pour lui.

ESTRAGON. — Je suis fatigué. (*Un temps.*) Allons-nous-en.

VLADIMIR. — On ne peut pas.

ESTRAGON. — Pourquoi ?

VLADIMIR. — On attend Godot.

ESTRAGON. — C'est vrai. (*Un temps.*) Alors comment faire ?

VLADIMIR. — Il n'y a rien à faire.

ESTRAGON. — Mais moi je n'en peux plus.

VLADIMIR. — Veux-tu un radis ?

ESTRAGON. — C'est tout ce qu'il y a ?

VLADIMIR. — Il y a des radis et des navets.

ESTRAGON. — Il n'y a plus de carottes ?

VLADIMIR. — Non. D'ailleurs tu exagères avec les carottes.

ESTRAGON. — Alors donne-moi un radis. (*Vladimir fouille dans ses poches, ne trouve que des navets, sort finalement un radis qu'il donne à Estragon qui l'examine, le renifle.*) Il est noir !

VLADIMIR. — C'est un radis.

ESTRAGON. — Je n'aime que les roses, tu le sais bien !

VLADIMIR. — Alors tu n'en veux pas ?

ESTRAGON. — Je n'aime que les roses !

VLADIMIR. — Alors rends-le-moi.

Estragon le lui rend.

ESTRAGON. — Je vais chercher une carotte.

Il ne bouge pas.

VLADIMIR. — Ceci devient vraiment insignifiant.

ESTRAGON. — Pas encore assez.

Silence.

VLADIMIR. — Si tu les essayais ?

ESTRAGON. — J'ai tout essayé.

VLADIMIR. — Je veux dire, les chaussures.

ESTRAGON. — Tu crois ?

VLADIMIR. — Ça fera passer le temps. (*Estragon hésite.*) Je t'assure, ce sera une diversion.

ESTRAGON. — Un délassement.

VLADIMIR. — Une distraction.

ESTRAGON. — Un délassement.

VLADIMIR. — Essaie.

ESTRAGON. — Tu m'aideras ?

VLADIMIR. — Bien sûr.

ESTRAGON. — On ne se débrouille pas trop mal, hein, Didi, tous les deux ensemble ?

VLADIMIR. — Mais oui, mais oui. Allez, on va essayer la gauche d'abord.

ESTRAGON. — On trouve toujours quelque

chose, hein, Didi, pour nous donner l'impression d'exister ?

VLADIMIR (*impatiemment*). — Mais oui, mais oui, on est des magiciens. Mais ne nous laissons pas détourner de ce que nous avons résolu. (*Il ramasse une chaussure.*) Viens, donne ton pied. (*Estragon s'approche de lui, lève le pied.*) L'autre, porc ! (*Estragon lève l'autre pied.*) Plus haut ! (*Les corps emmêlés, ils titubent à travers la scène. Vladimir réussit finalement à lui mettre la chaussure.*) Essaie de marcher. (*Estragon marche.*) Alors ?

ESTRAGON. — Elle me va.

VLADIMIR (*prenant de la ficelle dans sa poche*). — On va la lacer.

ESTRAGON (*véhémentement*). — Non, non, pas de lacet, pas de lacet !

VLADIMIR. — Tu as tort. Essayons l'autre. (*Même jeu.*) Alors ?

ESTRAGON. — Elle me va aussi.

VLADIMIR. — Elles ne te font pas mal ?

ESTRAGON (*faisant quelques pas appuyés*). — Pas encore.

VLADIMIR. — Alors tu peux les garder.

ESTRAGON. — Elles sont trop grandes.

VLADIMIR. — Tu auras peut-être des chaus-
settes un jour.

ESTRAGON. — C'est vrai.

VLADIMIR. — Alors tu les gardes ?

ESTRAGON. — Assez parlé de ces chaussures.

VLADIMIR. — Oui, mais...

ESTRAGON. — Assez ! (*Silence.*) Je vais quand
même m'asseoir.

*Il cherche des yeux où s'asseoir, puis va s'as-
seoir là où il était assis au début du premier
acte.*

VLADIMIR. — C'est là où tu étais assis hier
soir.

Silence.

ESTRAGON. — Si je pouvais dormir.

VLADIMIR. — Hier soir tu as dormi.

ESTRAGON. — Je vais essayer.

*Il prend une posture utérine, la tête entre les
jambes.*

VLADIMIR. — Attends. (*Il s'approche d'Estragon et se met à chanter d'une voix forte.*)

Do do do do

ESTRAGON (*levant la tête*). — Pas si fort.

VLADIMIR (*moins fort*).

Do do do do
Do do do do

Do do do do
Do do...

Estragon s'endort. Vladimir enlève son ves-
ton et lui en couvre les épaules, puis se met à
marcher de long en large en battant des bras
pour se réchauffer. Estragon se réveille en sur-
saut, se lève, fait quelques pas affolés. Vladimir
court vers lui, l'entoure de son bras.

VLADIMIR. — Là... là... je suis là... n'aie pas
peur.

ESTRAGON. — Ah !

VLADIMIR. — Là... là... c'est fini.

ESTRAGON. — Je tombais.

VLADIMIR. — C'est fini. N'y pense plus.

ESTRAGON. — J'étais sur un...

VLADIMIR. — Non non, ne dis rien. Viens,
on va marcher un peu.

Il prend Estragon par le bras et le fait mar-
cher de long en large, jusqu'à ce qu'Estragon
refuse d'aller plus loin.

ESTRAGON. — Assez ! Je suis fatigué.

VLADIMIR. — Tu aimes mieux être planté là
à ne rien faire ?

ESTRAGON. — Oui.

VLADIMIR. — Comme tu veux.

Il lâche Estragon, va ramasser son veston et le met.

ESTRAGON. — Allons-nous-en.

VLADIMIR. — On ne peut pas.

ESTRAGON. — Pourquoi ?

VLADIMIR. — On attend Godot.

ESTRAGON. — C'est vrai. (*Vladimir reprend son va-et-vient.*) Tu ne peux pas rester tranquille ?

VLADIMIR. — J'ai froid.

ESTRAGON. — On est venu trop tôt.

VLADIMIR. — C'est toujours à la tombée de la nuit.

ESTRAGON. — Mais la nuit ne tombe pas.

VLADIMIR. — Elle tombera tout d'un coup, comme hier.

ESTRAGON. — Puis ce sera la nuit.

VLADIMIR. — Et nous pourrons partir.

ESTRAGON. — Puis ce sera encore le jour. (*Un temps.*) Que faire, que faire ?

VLADIMIR (*s'arrêtant de marcher, avec violence*). — Tu as bientôt fini de te plaindre ? Tu commences à me casser les pieds, avec tes gémissements.

ESTRAGON. — Je m'en vais.

VLADIMIR (*apercevant le chapeau de Lucky*).
— Tiens !

ESTRAGON. — Adieu.

VLADIMIR. — Le chapeau de Lucky ! (*Il s'en
approche.*) Voilà une heure que je suis là et je
ne l'avais pas vu ! (*Très content.*) C'est parfait !

ESTRAGON. — Tu ne me verras plus.

VLADIMIR. — Je ne me suis donc pas trompé
d'endroit. Nous voilà tranquilles. (*Il ramasse le
chapeau de Lucky, le contemple, le redresse.*)
Ça devait être un beau chapeau. (*Il le met à la
place du sien qu'il tend à Estragon.*) Tiens.

ESTRAGON. — Quoi ?

VLADIMIR. — Tiens-moi ça.

*Estragon prend le chapeau de Vladimir. Vla-
dimir ajuste des deux mains le chapeau de Lucky. Estragon met le chapeau de Vladimir à la
place du sien qu'il tend à Vladimir. Vladimir
prend le chapeau d'Estragon. Estragon ajuste
des deux mains le chapeau de Vladimir. Vladimir met le chapeau d'Estragon à la place de
celui de Lucky qu'il tend à Estragon. Estragon
prend le chapeau de Lucky. Vladimir ajuste des
deux mains le chapeau d'Estragon. Estragon
met le chapeau de Lucky à la place de celui de
Vladimir qu'il tend à Vladimir. Vladimir prend*

son chapeau. Estragon ajuste des deux mains le chapeau de Lucky. Vladimir met son chapeau à la place de celui d'Estragon qu'il tend à Estragon. Estragon prend son chapeau. Vladimir ajuste son chapeau des deux mains. Estragon met son chapeau à la place de celui de Lucky qu'il tend à Vladimir. Vladimir prend le chapeau de Lucky. Estragon ajuste son chapeau des deux mains. Vladimir met le chapeau de Lucky à la place du sien qu'il tend à Estragon. Estragon prend le chapeau de Vladimir. Vladimir ajuste des deux mains le chapeau de Lucky. Estragon tend le chapeau de Vladimir à Vladimir qui le prend et le tend à Estragon qui le prend et le tend à Vladimir qui le prend et le jette. Tout cela dans un mouvement vif.

VLADIMIR. — Il me va ?

ESTRAGON. — Je ne sais pas.

VLADIMIR. — Non, mais comment me trouves-tu ?

Il tourne la tête coquettement à droite et à gauche, prend des attitudes de mannequin.

ESTRAGON. — Affreux.

VLADIMIR. — Mais pas plus que d'habitude ?

ESTRAGON. — La même chose.

VLADIMIR. — Alors je peux le garder. Le

mien me faisait mal. (*Un temps.*) Comment dire ?
(*Un temps.*) Il me grattait.

ESTRAGON. — Je m'en vais.

VLADIMIR. — Tu ne veux pas jouer ?

ESTRAGON. — Jouer à quoi ?

VLADIMIR. — On pourrait jouer à Pozzo et
Lucky.

ESTRAGON. — Connais pas.

VLADIMIR. — Moi je ferai Lucky, toi tu feras
Pozzo. (*Il prend l'attitude de Lucky, ployant
sous le poids de ses bagages. Estragon le regarde
avec stupéfaction.*) Vas-y.

ESTRAGON. — Qu'est-ce que je dois faire ?

VLADIMIR. — Engueule-moi !

ESTRAGON. — Salaud !

VLADIMIR. — Plus fort !

ESTRAGON. — Fumier ! Crapule !

Vladimir avance, recule, toujours ployé.

VLADIMIR. — Dis-moi de penser.

ESTRAGON. — Comment ?

VLADIMIR. — Dis, Pense, cochon !

ESTRAGON. — Pense, cochon !

Silence.

VLADIMIR. — Je ne peux pas !

ESTRAGON. — Assez !

VLADIMIR. — Dis-moi de danser.

ESTRAGON. — Je m'en vais.

VLADIMIR. — Danse, porc ! (*Il se tord sur place. Estragon sort précipitamment.*) Je ne peux pas ! (*Il lève la tête, voit qu'Estragon n'est plus là, pousse un cri déchirant.*) Gogo ! (*Silence. Il se met à arpenter la scène presque en courant. Estragon rentre précipitamment, essoufflé, court vers Vladimir. Ils s'arrêtent à quelques pas l'un de l'autre.*) Te revoilà enfin !

ESTRAGON (*haletant*). — Je suis maudit !

VLADIMIR. — Où as-tu été ? Je t'ai cru parti pour toujours.

ESTRAGON. — Jusqu'au bord de la pente. On vient.

VLADIMIR. — Qui ?

ESTRAGON. — Je ne sais pas.

VLADIMIR. — Combien ?

ESTRAGON. — Je ne sais pas.

VLADIMIR (*triomphant*). — C'est Godot ! Enfin ! (*Il embrasse Estragon avec effusion.*) Gogo ! C'est Godot ! Nous sommes sauvés ! Allons à sa rencontre ! Viens ! (*Il tire Estragon vers la coulisse. Estragon résiste, se dégage, sort en courant de l'autre côté.*) Gogo ! Reviens ! (*Si-*

lence. Vladimir court à la coulisse par où Estragon vient de rentrer, regarde au loin. Estragon rentre précipitamment, court vers Vladimir qui se retourne.) Te revoilà à nouveau !

ESTRAGON. — Je suis damné !

VLADIMIR. — Tu as été loin ?

ESTRAGON. — Jusqu'au bord de la pente.

VLADIMIR. — En effet, nous sommes sur un plateau. Aucun doute, nous sommes servis sur un plateau.

ESTRAGON. — On vient par là aussi.

VLADIMIR. — Nous sommes cernés ! *(Affolé, Estragon se précipite vers la toile de fond, s'y empêtre, tombe.)* Imbécile ! Il n'y a pas d'issue par là. *(Vladimir va le relever, l'amène vers la rampe. Geste vers l'auditoire.)* Là il n'y a personne. Sauve-toi par là. Allez. *(Il le pousse vers la fosse. Estragon recule épouvanté.)* Tu ne veux pas ? Ma foi, ça se comprend. Voyons. *(Il réfléchit.)* Il ne te reste plus qu'à disparaître.

ESTRAGON. — Où ?

VLADIMIR. — Derrière l'arbre. *(Estragon hésite.)* Vite ! Derrière l'arbre. *(Estragon court se mettre derrière l'arbre qui ne le cache que très imparfaitement.)* Ne bouge plus ! *(Estragon sort de derrière l'arbre.)* Décidément cet arbre ne

nous aura servi à rien. (*A Estragon.*) Tu n'es pas
fou ?

ESTRAGON (*plus calme*). — J'ai perdu la tête.
(*Il baisse honteusement la tête.*) Pardon ! (*Il redresse fièrement la tête.*) C'est fini ! Maintenant
tu vas voir. Dis-moi ce qu'il faut faire.

VLADIMIR. — Il n'y a rien à faire.

ESTRAGON. — Toi tu vas te poster là. (*Il
entraîne Vladimir vers la coulisse gauche, le met
dans l'axe de la route, le dos à la scène.*) Là, ne
bouge plus, et ouvre l'œil. (*Il court vers l'autre
coulisse. Vladimir le regarde par-dessus l'épaule.
Estragon s'arrête, regarde au loin, se retourne.
Les deux se regardent par-dessus l'épaule.*) Dos à
dos comme au bon vieux temps ! (*Ils continuent
à se regarder un petit moment, puis chacun reprend le guet. Long silence.*) Tu ne vois rien
venir ?

VLADIMIR (*se retournant*). — Comment ?

ESTRAGON (*plus fort*). — Tu ne vois rien venir ?

VLADIMIR. — Non.

ESTRAGON. — Moi non plus.

        Ils reprennent le guet. Long silence.

VLADIMIR. — Tu as dû te tromper.

ESTRAGON (*se retournant*). — Comment ?

VLADIMIR (*plus fort*). — Tu as dû te tromper.

ESTRAGON. — Ne crie pas.

Ils reprennent le guet. Long silence.

VLADIMIR, ESTRAGON (*se retournant simultanément*). — Est-ce...

VLADIMIR. — Oh pardon !

ESTRAGON. — Je t'écoute.

VLADIMIR. — Mais non !

ESTRAGON. — Mais si !

VLADIMIR. — Je t'ai coupé.

ESTRAGON. — Au contraire.

Ils se regardent avec colère.

VLADIMIR. — Voyons, pas de cérémonie.

ESTRAGON. — Ne sois pas têtu, voyons.

VLADIMIR (*avec force*). — Achève ta phrase, je te dis.

ESTRAGON (*de même*). — Achève la tienne.

Silence. Ils vont l'un vers l'autre, s'arrêtent.

VLADIMIR. — Misérable !

ESTRAGON. — C'est ça, engueulons-nous. (*Echange d'injures. Silence.*) Maintenant raccommodons-nous.

VLADIMIR. — Gogo !

ESTRAGON. — Didi !

VLADIMIR. — Ta main !

ESTRAGON. — La voilà !

VLADIMIR. — Viens dans mes bras !

ESTRAGON. — Tes bras ?

VLADIMIR (*ouvrant les bras*). — Là-dedans !

ESTRAGON. — Allons-y.

Ils s'embrassent. Silence.

VLADIMIR. — Comme le temps passe quand on s'amuse !

Silence.

ESTRAGON. — Qu'est-ce qu'on fait maintenant ?

VLADIMIR. — En attendant.

ESTRAGON. — En attendant.

Silence.

VLADIMIR. — Si on faisait nos exercices ?

ESTRAGON. — Nos mouvements.

VLADIMIR. — D'assouplissement.

ESTRAGON. — De relaxation.

VLADIMIR. — De circumduction.

ESTRAGON. — De relaxation.

VLADIMIR. — Pour nous réchauffer.

ESTRAGON. — Pour nous calmer.

VLADIMIR. — Allons-y.

Il commence à sauter. Estragon l'imite.

ESTRAGON (*s'arrêtant*). — Assez. Je suis fatigué.

VLADIMIR (*s'arrêtant*). — Nous ne sommes

pas en train. Faisons quand même quelques res-
pirations.

ESTRAGON. — Je ne veux plus respirer.

VLADIMIR. — Tu as raison. (*Pause.*) Faisons
quand même l'arbre, pour l'équilibre.

ESTRAGON. — L'arbre ?

Vladimir fait l'arbre en titubant.

VLADIMIR (*s'arrêtant*). — A toi.

Estragon fait l'arbre en titubant.

ESTRAGON. — Tu crois que Dieu me voit.

VLADIMIR. — Il faut fermer les yeux.

Estragon ferme les yeux, titube plus fort.

ESTRAGON (*s'arrêtant, brandissant les poings,
à tue-tête*). — Dieu aie pitié de moi !

VLADIMIR (*vexé*). — Et moi ?

ESTRAGON (*de même*). — De moi ! De moi !
Pitié ! De moi !

*Entrent Pozzo et Lucky. Pozzo est devenu
aveugle. Lucky chargé comme au premier acte.
Corde comme au premier acte, mais beaucoup
plus courte, pour permettre à Pozzo de suivre
plus commodément. Lucky coiffé d'un nouveau
chapeau. A la vue de Vladimir et Estragon il
s'arrête. Pozzo, continuant son chemin, vient se
heurter contre lui. Vladimir et Estragon recu-
lent.*

Pozzo (*s'agrippant à Lucky qui, sous ce nouveau poids, chancelle*). — Qu'y a-t-il ? Qui a crié ?

Lucky tombe, en lâchant tout, et entraîne Pozzo dans sa chute. Ils restent étendus sans mouvement au milieu des bagages.

Estragon. — C'est Godot ?

Vladimir. — Ça tombe à pic. (*Il va vers le tas, suivi d'Estragon.*) Enfin du renfort !

Pozzo (*voix blanche*). — Au secours.

Estragon. — C'est Godot ?

Vladimir. — Nous commencions à flancher. Voilà notre fin de soirée assurée.

Pozzo. — A moi !

Estragon. — Il appelle à l'aide.

Vladimir. — Nous ne sommes plus seuls, à attendre la nuit, à attendre Godot, à attendre — à attendre. Toute la soirée nous avons lutté, livrés à nos propres moyens. Maintenant c'est fini. Nous sommes déjà demain.

Estragon. — Mais ils sont seulement de passage.

Pozzo. — A moi !

Vladimir. — Déjà le temps coule tout autrement. Le soleil se couchera, la lune se lèvera et nous partirons — d'ici.

ESTRAGON. — Mais ils ne font que passer.

VLADIMIR. — Ce sera suffisant.

POZZO. — Pitié !

VLADIMIR. — Pauvre Pozzo !

ESTRAGON. — Je savais que c'était lui.

VLADIMIR. — Qui ?

ESTRAGON. — Godot.

VLADIMIR. — Mais ce n'est pas Godot.

ESTRAGON. — Ce n'est pas Godot !

VLADIMIR. — Ce n'est pas Godot.

ESTRAGON. — Qui c'est alors ?

VLADIMIR. — C'est Pozzo.

POZZO. — C'est moi ! C'est moi ! Relevez-moi !

VLADIMIR. — Il ne peut pas se relever.

ESTRAGON. — Allons-nous-en.

VLADIMIR. — On ne peut pas.

ESTRAGON. — Pourquoi ?

VLADIMIR. — On attend Godot.

ESTRAGON. — C'est vrai.

VLADIMIR. — Peut-être qu'il a encore des os pour toi.

ESTRAGON. — Des os ?

VLADIMIR. — De poulet. Tu ne te rappelles pas ?

ESTRAGON. — C'était lui ?

VLADIMIR. — Oui.

ESTRAGON. — Demande-lui.

VLADIMIR. — Si on l'aidait d'abord ?

ESTRAGON. — A quoi faire ?

VLADIMIR. — A se relever.

ESTRAGON. — Il ne peut pas se relever ?

VLADIMIR. — Il veut se relever.

ESTRAGON. — Alors qu'il se relève.

VLADIMIR. — Il ne peut pas.

ESTRAGON. — Qu'est-ce qu'il a ?

VLADIMIR. — Je ne sais pas.

Pozzo se tord, gémit, frappe le sol avec ses poings.

ESTRAGON. — Si on lui demandait les os d'abord ? Puis s'il refuse on le laissera là.

VLADIMIR. — Tu veux dire que nous l'avons à notre merci ?

ESTRAGON. — Oui.

VLADIMIR. — Et qu'il faut mettre des conditions à nos bons offices ?

ESTRAGON. — Oui.

VLADIMIR. — Ça a l'air intelligent en effet. Mais je crains une chose.

ESTRAGON. — Quoi ?

VLADIMIR. — Que Lucky ne se mette en branle tout d'un coup. Alors nous serions baisés.

Estragon. — Lucky ?

Vladimir. — C'est lui qui t'a attaqué hier.

Estragon. — Je te dis qu'ils étaient dix.

Vladimir. — Mais non, avant, celui qui t'a donné des coups de pied.

Estragon. — Il est là ?

Vladimir. — Mais regarde. (*Geste.*) Pour le moment il est inerte. Mais il peut se déchaîner d'un instant à l'autre.

Estragon. — Si on lui donnait une bonne correction tous les deux ?

Vladimir. — Tu veux dire si on lui tombait dessus pendant qu'il dort ?

Estragon. — Oui.

Vladimir. — C'est une bonne idée. Mais en sommes-nous capables ? Dort-il vraiment ? (*Un temps.*) Non, le mieux serait de profiter de ce que Pozzo appelle au secours pour le secourir, en tablant sur sa reconnaissance.

Estragon. — Il ne demande plus rien.

Vladimir. — C'est qu'il a perdu l'espoir.

Estragon. — C'est possible. Mais...

Vladimir. — Ne perdons pas notre temps en de vains discours. (*Un temps. Avec véhémence.*) Faisons quelque chose, pendant que l'occasion se présente ! Ce n'est pas tous les jours qu'on a besoin de nous. Non pas à vrai dire qu'on ait précisément besoin de nous. D'autres feraient aussi bien l'affaire, sinon mieux. L'appel que nous venons d'entendre, c'est plutôt à l'humanité tout entière qu'il s'adresse. Mais à cet endroit, en ce moment, l'humanité c'est nous, que ça nous plaise ou non. Profitons-en, avant qu'il soit trop tard. Représentons dignement pour une fois l'engeance où le malheur nous a fourrés. Qu'en dis-tu ?

ESTRAGON. — Je n'ai pas écouté.

VLADIMIR. — Il est vrai qu'en pesant, les bras croisés, le pour et le contre, nous faisons également honneur à notre condition. Le tigre se précipite au secours de ses congénères sans la moindre réflexion. Ou bien il se sauve au plus profond des taillis. Mais la question n'est pas là. Que faisons-nous ici, voilà ce qu'il faut se demander. Nous avons la chance de le savoir. Oui, dans cette immense confusion, une seule chose est claire : nous attendons que Godot vienne.

ESTRAGON. — C'est vrai.

VLADIMIR. — Ou que la nuit tombe. (Un temps.) Nous sommes au rendez-vous, un point c'est tout. Nous ne sommes pas des saints, mais nous sommes au rendez-vous. Combien de gens peuvent en dire autant ?

ESTRAGON. — Des masses.

VLADIMIR. — Tu crois ?

ESTRAGON. — Je ne sais pas.

VLADIMIR. — C'est possible.

POZZO. — Au secours !

VLADIMIR. — Ce qui est certain, c'est que le temps est long, dans ces conditions, et nous pousse à le meubler d'agissements qui, comment dire, qui peuvent à première vue paraître raisonnables, mais dont nous avons l'habitude. Tu me diras que c'est pour empêcher notre raison de sombrer. C'est une affaire entendue. Mais n'erre-t-elle pas déjà dans la nuit permanente des grands fonds, voilà ce que je me demande parfois. Tu suis mon raisonnement ?

ESTRAGON. — Nous naissons tous fous. Quelques-uns le demeurent.

POZZO. — Au secours, je vous donnerai de l'argent !

ESTRAGON. — Combien ?

POZZO. — Cent francs.

ESTRAGON. — Ce n'est pas assez.

VLADIMIR. — Je n'irais pas jusque-là.

ESTRAGON. — Tu trouves que c'est assez ?

VLADIMIR. — Non, je veux dire jusqu'à affirmer que je n'avais pas toute ma tête en venant au monde. Mais la question n'est pas là.

POZZO. — Deux cents.

VLADIMIR. — Nous attendons. Nous nous ennuyons. (*Il lève la main.*) Non, ne proteste pas, nous nous ennuyons ferme, c'est incontestable. Bon. Une diversion se présente et que faisons-nous ? Nous la laissons pourrir. Allons, au travail. (*Il avance vers Pozzo, s'arrête.*) Dans un instant, tout se dissipera, nous serons à nouveau seuls, au milieu des solitudes. (*Il rêve.*)

POZZO. — Deux cents !

VLADIMIR. — On arrive.

Il essaie de soulever Pozzo, n'y arrive pas, renouvelle ses efforts, trébuche dans les bagages, tombe, essaie de se relever, n'y arrive pas.

ESTRAGON. — Qu'est-ce que vous avez tous ?

VLADIMIR. — Au secours !

ESTRAGON. — Je m'en vais.

VLADIMIR. — Ne m'abandonne pas ! Ils me tueront !

POZZO. — Où suis-je ?

VLADIMIR. — Gogo !

POZZO. — **A** moi.

Vladimir. — Aide-moi !

Estragon. — Moi je m'en vais.

Vladimir. — Aide-moi d'abord. Puis nous partirons ensemble.

Estragon. — Tu le promets ?

Vladimir. — Je le jure !

Estragon. — Et nous ne reviendrons jamais.

Vladimir. — Jamais !

Estragon. — Nous irons dans l'Ariège.

Vladimir. — Où tu voudras.

Pozzo. — Trois cents ! Quatre cents !

Estragon. — J'ai toujours voulu me ballader dans l'Ariège.

Vladimir. — Tu t'y balladeras.

Estragon. — Qui a pété ?

Vladimir. — C'est Pozzo.

Pozzo. — C'est moi ! C'est moi ! Pitié !

Estragon. — C'est dégoûtant.

Vladimir. — Vite ! Vite ! Donne ta main !

Estragon. — Je m'en vais. (*Un temps. Plus fort.*) Je m'en vais.

Vladimir. — Après tout, je finirai bien par me lever tout seul. (*Il essaie de se lever, retombe.*) Tôt ou tard.

Estragon. — Qu'est-ce que tu as ?

VLADIMIR. — Fous le camp.

ESTRAGON. — Tu restes là ?

VLADIMIR. — Pour le moment.

ESTRAGON. — Lève-toi, voyons, tu vas attraper froid.

VLADIMIR. — Ne t'occupe pas de moi.

ESTRAGON. — Voyons, Didi, ne sois pas têtu. (*Il tend la main vers Vladimir qui s'empresse de s'en saisir.*) Allez, debout !

VLADIMIR. — Tire !

Estragon tire, trébuche, tombe. Long silence

POZZO. — A moi !

VLADIMIR. — Nous sommes là.

POZZO. — Qui êtes-vous ?

VLADIMIR. — Nous sommes des hommes.

Silence.

ESTRAGON. — Ce qu'on est bien, par terre !

VLADIMIR. — Peux-tu te lever ?

ESTRAGON. — Je ne sais pas.

VLADIMIR. — Essaie.

ESTRAGON. — Tout à l'heure, tout à l'heure.

Silence.

POZZO. — Qu'est-ce qui s'est passé ?

VLADIMIR (*avec force*). — Veux-tu te taire, toi, à la fin ! Quel choléra quand même ! Il ne pense qu'à lui.

ESTRAGON. — Si on essayait de dormir ?

VLADIMIR. — Tu l'as entendu ? Il veut savoir ce qui s'est passé !

ESTRAGON. — Laisse-le. Dors.

Silence.

POZZO. — Pitié ! Pitié !

ESTRAGON (*sursautant*). — Quoi ? Qu'est-ce qu'il y a ?

VLADIMIR. — Tu dormais ?

ESTRAGON. — Je crois.

VLADIMIR. — C'est encore ce salaud de Pozzo !

ESTRAGON. — Dis-lui de la boucler ! Casse-lui la gueule !

VLADIMIR (*donnant des coups à Pozzo*). — As-tu fini ? Veux-tu te taire ? Vermine ! (*Pozzo se dégage en poussant des cris de douleur et s'éloigne en rampant. De temps en temps, il s'arrête, scie l'air avec des gestes d'aveugle, en appelant Lucky. Vladimir, s'appuyant sur le coude, le suit des yeux.*) Il s'est sauvé ! (*Pozzo s'effondre. Silence.*) Il est tombé !

ESTRAGON. — Il s'était donc levé ?

VLADIMIR. — Non.

ESTRAGON. — Et cependant tu dis qu'il est tombé.

VLADIMIR. — Il s'était mis à genoux. (*Silence.*) Nous avons été peut-être un peu fort.

ESTRAGON. — Cela ne nous arrive pas souvent.

VLADIMIR. — Il a imploré notre aide. Nous sommes restés sourds. Il a insisté. Nous l'avons battu.

ESTRAGON. — C'est vrai.

VLADIMIR. — Il ne bouge plus. Il est peut-être mort.

ESTRAGON. — C'est pour avoir voulu l'aider que nous sommes dans ce pétrin.

VLADIMIR. — C'est vrai.

ESTRAGON. — Tu n'as pas tapé trop fort ?

VLADIMIR. — Je lui ai donné quelques bons coups.

ESTRAGON. — Tu n'aurais pas dû.

VLADIMIR. — C'est toi qui l'as voulu.

ESTRAGON. — C'est vrai. (*Un temps.*) Qu'est-ce qu'on fait maintenant ?

VLADIMIR. — Si je pouvais ramper jusqu'à lui.

ESTRAGON. — Ne me quitte pas !

VLADIMIR. — Si je l'appelais ?

ESTRAGON. — C'est ça, appelle-le.

VLADIMIR. — Pozzo ! (*Un temps.*) Pozzo !
(*Un temps.*) Il ne répond plus.

ESTRAGON. — Ensemble.

VLADIMIR, ESTRAGON. — Pozzo ! Pozzo !

VLADIMIR. — Il a bougé.

ESTRAGON. — Tu es sûr qu'il s'appelle
Pozzo ?

VLADIMIR (*angoissé*). — Monsieur Pozzo !
Reviens ! On ne te fera pas de mal !

Silence.

ESTRAGON. — Si on essayait avec d'autres
noms ?

VLADIMIR. — J'ai peur qu'il ne soit sérieuse-
ment touché.

ESTRAGON. — Ce serait amusant.

VLADIMIR. — Qu'est-ce qui serait amusant ?

ESTRAGON. — D'essayer avec d'autres noms,
l'un après l'autre. Ça passerait le temps. On fini-
rait bien par tomber sur le bon.

VLADIMIR. — Je te dis qu'il s'appelle Pozzo.

ESTRAGON. — C'est ce que nous allons voir.
Voyons. (*Il réfléchit.*) Abel ! Abel !

POZZO. — A moi !

ESTRAGON. — Tu vois !

VLADIMIR. — Je commence à en avoir assez
de ce motif.

ESTRAGON. — Peut-être que l'autre s'appelle Caïn. (*Il appelle.*) Caïn ! Caïn !

POZZO. — A moi !

ESTRAGON. — C'est toute l'humanité. (*Silence.*) Regarde-moi ce petit nuage.

VLADIMIR (*levant les yeux*). — Où ?

ESTRAGON. — Là, au zénith.

VLADIMIR. — Eh bien ? (*Un temps.*) Qu'est-ce qu'il a de si extraordinaire ?

Silence.

ESTRAGON. — Passons maintenant à autre chose, veux-tu ?

VLADIMIR. — J'allais justement te le proposer.

ESTRAGON. — Mais à quoi ?

VLADIMIR. — Ah voilà !

Silence.

ESTRAGON. — Si on se levait pour commencer ?

VLADIMIR. — Essayons toujours.

Ils se lèvent.

ESTRAGON. — Pas plus difficile que ça.

VLADIMIR. — Vouloir, tout est là.

ESTRAGON. — Et maintenant ?

POZZO. — Au secours !

ESTRAGON. — Allons-nous-en.

VLADIMIR. — On ne peut pas.

ESTRAGON. — Pourquoi ?

VLADIMIR. — On attend Godot.

ESTRAGON. — C'est vrai. (*Un temps.*) Que faire ?

POZZO. — Au secours !

VLADIMIR. — Si on le secourait ?

ESTRAGON. — Qu'est-ce qu'il faut faire ?

VLADIMIR. — Il veut se lever.

ESTRAGON. — Et après ?

VLADIMIR. — Il veut qu'on l'aide à se lever.

ESTRAGON. — Eh bien, aidons-le. Qu'est-ce qu'on attend ?

Ils aident Pozzo à se lever, s'écartent de lui. Il retombe.

VLADIMIR. — Il faut le soutenir. (*Même jeu. Pozzo reste debout entre les deux, pendu à leur cou.*) Il faut qu'il se réhabitue à la station debout. (*A Pozzo.*) Ça va mieux ?

POZZO. — Qui êtes-vous ?

VLADIMIR. — Vous ne nous remettez pas ?

POZZO. — Je suis aveugle.

Silence.

ESTRAGON. — Peut-être qu'il voit clair dans l'avenir ?

VLADIMIR (à Pozzo). — Depuis quand ?

POZZO. — J'avais une très bonne vue — mais êtes-vous des amis ?

ESTRAGON (riant bruyamment). — Il demande si nous sommes des amis !

VLADIMIR. — Non, il veut dire des amis à lui.

ESTRAGON. — Et alors ?

VLADIMIR. — La preuve, c'est que nous l'avons aidé.

ESTRAGON. — Voilà ! Est-ce que nous l'aurions aidé si nous n'étions pas ses amis ?

VLADIMIR. — Peut-être.

ESTRAGON. — Evidemment.

VLADIMIR. — N'ergotons pas là-dessus.

POZZO. — Vous n'êtes pas des brigands ?

ESTRAGON. — Des brigands ! Est-ce qu'on a l'air de brigands ?

VLADIMIR. — Voyons ! Il est aveugle.

ESTRAGON. — Flûte ! C'est vrai. (Un temps.) Qu'il dit.

POZZO. — Ne me quittez pas.

VLADIMIR. — Il n'en est pas question.

ESTRAGON. — Pour l'instant.

Pozzo. — Quelle heure est-il ?

Estragon (*inspectant le ciel*). — Voyons...

Vladimir. — Sept heures ?... Huit heures ?...

Estragon. — Ça dépend de la saison.

Pozzo. — C'est le soir ?

Silence. Vladimir et Estragon regardent le couchant.

Estragon. — On dirait qu'il remonte.

Vladimir. — Ce n'est pas possible.

Estragon. — Si c'était l'aurore ?

Vladimir. — Ne dis pas de bêtises. C'est l'ouest par-là.

Estragon. — Qu'est-ce que tu en sais ?

Pozzo (*avec angoisse*). — Sommes-nous au soir ?

Vladimir. — D'ailleurs, il n'a pas bougé.

Estragon. — Je te dis qu'il remonte.

Pozzo. — Pourquoi ne répondez-vous pas ?

Estragon. — C'est qu'on ne voudrait pas vous dire une connerie.

Vladimir (*rassurant*). — C'est le soir, monsieur, nous sommes arrivés au soir. Mon ami essaie de m'en faire douter, et je dois avouer que j'ai été ébranlé pendant un instant. Mais ce n'est pas pour rien que j'ai vécu cette longue journée et je peux vous assurer qu'elle est pres-

10

que au bout de son répertoire. (*Un temps.*) A part ça, comment vous sentez-vous ?

Estragon. — Combien de temps va-t-il falloir le charrier encore ? (*Ils le lâchent à moitié, le reprennent en voyant qu'il va retomber.*) On n'est pas des cariatides.

Vladimir. — Vous disiez que vous aviez une bonne vue, autrefois, si j'ai bien entendu ?

Pozzo. — Oui, elle était bien bonne.

Silence.

Estragon (*avec irritation*). — Développez ! Développez !

Vladimir. — Laisse-le tranquille. Ne vois-tu pas qu'il est en train de se rappeler son bonheur. (*Un temps.*) *Memoria praeteritorum bonorum* — ça doit être pénible.

Pozzo. — Oui, bien bonne.

Vladimir. — Et cela vous a pris tout d'un coup ?

Pozzo. — Bien bonne.

Vladimir. — Je vous demande si cela vous a pris tout d'un coup.

Pozzo. — Un beau jour je me suis réveillé, aveugle comme le destin. (*Un temps.*) Je me demande parfois si je ne dors pas encore.

VLADIMIR. — Quand ça ?

POZZO. — Je ne sais pas.

VLADIMIR. — Mais pas plus tard qu'hier...

POZZO. — Ne me questionnez pas. Les aveugles n'ont pas la notion du temps. (*Un temps.*) Les choses du temps, ils ne les voient pas non plus.

VLADIMIR. — Tiens ! J'aurais juré le contraire.

ESTRAGON. — Je m'en vais.

POZZO. — Où sommes-nous ?

VLADIMIR. — Je ne sais pas.

POZZO. — Ne serait-on pas au lieudit la Planche ?

VLADIMIR. — Je ne connais pas.

POZZO. — A quoi est-ce que ça ressemble ?

VLADIMIR (*regard circulaire*). — On ne peut pas le décrire. Ça ne ressemble à rien. Il n'ya rien. Il y a un arbre.

POZZO. — Alors ce n'est pas la Planche.

ESTRAGON (*ployant*). — Tu parles d'une diversion.

POZZO. — Où est mon domestique ?

VLADIMIR. — Il est là.

POZZO. — Pourquoi ne répond-il pas quand je l'appelle ?

VLADIMIR. — Je ne sais pas. Il semble dormir. Il est peut-être mort.

POZZO. — Que s'est-il passé, au juste ?

ESTRAGON. — Au juste !

VLADIMIR. — Vous êtes tombés tous les deux.

POZZO. — Allez voir s'il est blessé.

VLADIMIR. — Mais on ne peut pas vous quitter.

POZZO. — Vous n'avez pas besoin d'y aller tous les deux.

VLADIMIR (*à Estragon*). — Vas-y toi.

POZZO. — C'est ça, que votre ami y aille. Il sent si mauvais.

VLADIMIR. — Va le réveiller.

ESTRAGON. — Après ce qu'il m'a fait ! Jamais de la vie.

VLADIMIR. — Ah, tu te rappelles enfin qu'il t'a fait quelque chose.

ESTRAGON. — Je ne me rappelle rien du tout. C'est toi qui me l'as dit.

VLADIMIR. — C'est vrai. (*A Pozzo.*) Mon ami a peur.

POZZO. — Il n'y a rien à craindre.

VLADIMIR (*à Estragon*). — A propos, ces gens que tu as vus, où sont-ils passés ?

ESTRAGON. — Je ne sais pas.

VLADIMIR. — Ils sont peut-être tapis quelque part, en train de nous épier.

ESTRAGON. — Voilà.

VLADIMIR. — Ils se sont peut-être arrêtés tout simplement.

ESTRAGON — Voilà.

VLADIMIR. — Pour se reposer.

ESTRAGON. — Pour se restaurer.

VLADIMIR. — Ils ont peut-être rebroussé chemin ?

ESTRAGON. — Voilà.

VLADIMIR. — C'était peut-être une vision.

ESTRAGON. — Une illusion.

VLADIMIR. — Une hallucination.

ESTRAGON. — Une illusion.

POZZO. — Qu'est-ce qu'il attend ?

VLADIMIR (à Estragon). — Qu'est-ce que tu attends ?

ESTRAGON. — J'attends Godot.

VLADIMIR (à Pozzo). — Je vous ai dit que mon ami a peur. Hier votre domestique l'a attaqué, alors qu'il voulait seulement lui essuyer les larmes.

POZZO. — Ah, mais il ne faut jamais être gentil avec ces gens-là. Ils ne le supportent pas.

VLADIMIR. — Qu'est-ce qu'il doit faire au juste ?

POZZO. — Eh bien, qu'il tire d'abord sur la corde, en faisant attention naturellement de ne pas l'étrangler. En général, ça le fait réagir. Sinon qu'il lui donne des coups de pied, dans le bas-ventre et au visage autant que possible.

VLADIMIR (à Estragon). — Tu vois, tu n'as rien à craindre. C'est même une occasion de te venger.

ESTRAGON. — Et s'il se défend ?

POZZO. — Non, non, il ne se défend jamais.

VLADIMIR. — Je volerai à ton secours.

ESTRAGON. — Ne me quitte pas des yeux ! (Il va vers Lucky.)

VLADIMIR. — Regarde s'il est vivant d'abord. Pas la peine de lui taper dessus s'il est mort.

ESTRAGON (s'étant penché sur Lucky). — Il respire.

VLADIMIR. — Alors vas-y.

Subitement déchaîné, Estragon bourre Lucky de coups de pied, en hurlant. Mais il se fait mal au pied et s'éloigne en boitant et en gémissant. Lucky reprend ses sens.

ESTRAGON (*s'arrêtant sur une jambe*). — Oh la vache !

Estragon s'assied, essaie d'enlever ses chaussures. Mais bientôt il y renoncera, se disposera en chien de fusil, la tête entre les jambes, les bras devant la tête.

POZZO. — Que s'est-il passé encore ?

VLADIMIR. — Mon ami s'est fait mal.

POZZO. — Et Lucky ?

VLADIMIR. — Alors c'est bien lui ?

POZZO. — Comment ?

VLADIMIR. — C'est bien Lucky ?

POZZO. — Je ne comprends pas.

VLADIMIR. — Et vous, vous êtes Pozzo ?

POZZO. — Certainement je suis Pozzo.

VLADIMIR. — Les mêmes qu'hier ?

POZZO. — Qu'hier ?

VLADIMIR. — On s'est vu hier. (*Silence.*) Vous ne vous rappelez pas ?

POZZO. — Je ne me rappelle avoir rencontré personne hier. Mais demain je ne me rappellerai avoir rencontré personne aujourd'hui. Ne comptez donc pas sur moi pour vous renseigner. Et puis assez là-dessus. Debout !

VLADIMIR. — Vous l'emmeniez à Saint-Sauveur pour le vendre. Vous nous avez parlé. Il a
dansé. Il a pensé. Vous voyiez clair.

POZZO. — Si vous y tenez. Lâchez-moi, s'il
vous plaît. (*Vladimir s'écarte.*) Debout !

VLADIMIR. — Il se lève.

> *Lucky se lève, ramasse les bagages.*

POZZO. — Il fait bien.

VLADIMIR. — Où allez-vous de ce pas ?

POZZO. — Je ne m'occupe pas de ça.

VLADIMIR. — Comme vous avez changé !

*Lucky, chargé des bagages, vient se placer
devant Pozzo.*

POZZO. — Fouet ! (*Lucky dépose les bagages,
cherche le fouet, le trouve, le donne à Pozzo,
reprend les bagages.*) Corde ! (*Lucky dépose les
bagages, met le bout de la corde dans la main
de Pozzo, reprend les bagages.*)

VLADIMIR. — Qu'est-ce qu'il y a dans la
valise ?

POZZO. — Du sable. (*Il tire sur la corde.*) En
avant ! (*Lucky s'ébranle, Pozzo le suit.*)

VLADIMIR. — Un instant.

Pozzo s'arrête. La corde se tend. Lucky tom-

be, en lâchant tout. Pozzo trébuche, lâche la corde à temps, chancelle sur place. Vladimir le soutient.

POZZO. — Qu'est-ce qui se passe ?

VLADIMIR. — Il est tombé.

POZZO. — Vite, faites-le lever avant qu'il s'endorme.

VLADIMIR. — Vous n'allez pas tomber si je vous lâche ?

POZZO. — Je ne pense pas.

Vladimir donne des coups de pied à Lucky.

VLADIMIR. — Debout ! Porc ! (*Lucky se relève, ramasse les bagages.*) Il est debout.

POZZO (*tendant la main*). — Corde !

Lucky dépose les bagages, met le bout de la corde dans la main de Pozzo, reprend les bagages.

VLADIMIR. — Ne partez pas encore.

POZZO. — Je pars.

VLADIMIR. — Que faites-vous quand vous tombez loin de tout secours ?

POZZO. — Nous attendons de pouvoir nous relever. Puis nous repartons.

VLADIMIR. — Avant de partir, dites-lui de chanter.

Pozzo. — A qui ?

Vladimir. — A Lucky.

Pozzo. — De chanter ?

Vladimir. — Oui. Ou de penser. Ou de réciter.

Pozzo. — Mais il est muet.

Vladimir. — Muet !

Pozzo. — Parfaitement. Il ne peut même pas gémir.

Vladimir. — Muet ! Depuis quand ?

Pozzo (*soudain furieux*). — Vous n'avez pas fini de m'empoisonner avec vos histoires de temps ? C'est insensé ! Quand ! Quand ! Un jour, ça ne vous suffit pas, un jour pareil aux autres, il est devenu muet, un jour je suis devenu aveugle, un jour nous deviendrons sourds, un jour nous sommes nés, un jour nous mourrons, le même jour, le même instant, ça ne vous suffit pas ? (*Plus posément.*) Elles accouchent à cheval sur une tombe, le jour brille un instant, puis c'est la nuit à nouveau. (*Il tire sur la corde.*) En avant !

Ils sortent. Vladimir les suit jusqu'à la limite de la scène, les regarde s'éloigner. Un bruit de chute, appuyé par la mimique de Vladimir,

annonce qu'ils sont tombés à nouveau. Silence.
Vladimir va vers Estragon qui dort, le contem-
ple un moment, puis le réveille.

ESTRAGON (*gestes affolés, paroles incohérentes.*
Finalement). — Pourquoi tu ne me laisses jamais
dormir ?

VLADIMIR. — Je me sentais seul.

ESTRAGON. — Je rêvais que j'étais heureux.

VLADIMIR. — Ça a fait passer le temps.

ESTRAGON. — Je rêvais que...

VLADIMIR. — Tais-toi ! (*Silence.*) Je me demande s'il est vraiment aveugle.

ESTRAGON. — Qui ?

VLADIMIR. — Un vrai aveugle dirait-il qu'il
n'a pas la notion du temps ?

ESTRAGON. — Qui ?

VLADIMIR. — Pozzo.

ESTRAGON. — Il est aveugle ?

VLADIMIR. — Il nous l'a dit.

ESTRAGON. — Et alors ?

VLADIMIR. — Il m'a semblé qu'il nous voyait.

ESTRAGON. — Tu l'as rêvé. (*Un temps.*)
Allons-nous-en. On ne peut pas. C'est vrai. (*Un
temps.*) Tu es sûr que ce n'était pas lui ?

VLADIMIR. — Qui ?

ESTRAGON. — Godot ?

VLADIMIR. — Mais qui ?

ESTRAGON. — Pozzo.

VLADIMIR. — Mais non ! Mais non ! (*Un temps.*) Mais non.

ESTRAGON. — Je vais quand même me lever. (*Se lève péniblement.*) Aïe !

VLADIMIR. — Je ne sais plus quoi penser.

ESTRAGON. — Mes pieds ! (*Il se rassied, essaie de se déchausser.*) Aide-moi !

VLADIMIR. — Est-ce que j'ai dormi, pendant que les autres souffraient ? Est-ce que je dors en ce moment ? Demain, quand je croirai me réveiller, que dirai-je de cette journée ? Qu'avec Estragon mon ami, à cet endroit, jusqu'à la tombée de la nuit, j'ai attendu Godot ? Que Pozzo est passé, avec son porteur, et qu'il nous a parlé ? Sans doute. Mais dans tout cela qu'y aura-t-il de vrai ? (*Estragon, s'étant acharné en vain sur ses chaussures, s'est assoupi à nouveau. Vladimir le regarde.*) Lui ne saura rien. Il parlera des coups qu'il a reçus et je lui donnerai une carotte. (*Un temps.*) A cheval sur une tombe et une naissance difficile. Du fond du trou, rêveusement, le fossoyeur applique ses fers. On a le temps de vieillir. L'air est plein de nos cris. (*Il écoute.*) Mais l'habitude est une grande sourdine. (*Il regarde Estragon.*) Moi aussi, un autre me regarde, en se disant, Il dort, il ne sait pas, qu'il dorme. (*Un temps.*) Je ne peux pas continuer. (*Un temps.*) Qu'est-ce que j'ai dit ?

Il va et vient avec agitation, s'arrête finalement près de la coulisse gauche, regarde au loin. Entre à droite le garçon de la veille. Il s'arrête. Silence.

GARÇON. — Monsieur... (*Vladimir se retourne.*) Monsieur Albert...

VLADIMIR. — Reprenons. (*Un temps. Au garçon.*) Tu ne me reconnais pas ?

GARÇON. — Non Monsieur.

VLADIMIR. — C'est toi qui es venu hier ?

GARÇON. — Non Monsieur.

VLADIMIR. — C'est la première fois que tu viens ?

GARÇON. — Oui monsieur.

Silence.

VLADIMIR. — C'est de la part de Monsieur Godot.

GARÇON. — Oui monsieur.

VLADIMIR. — Il ne viendra pas ce soir.

GARÇON. — Non Monsieur.

VLADIMIR. — Mais il viendra demain.

GARÇON. — Oui monsieur.

VLADIMIR. — Sûrement.

GARÇON. — Oui monsieur.

Silence.

VLADIMIR. — Est-ce que tu as rencontré quelqu'un ?

GARÇON. — Non monsieur.

VLADIMIR. — Deux autres (*il hésite*) ...hommes.

GARÇON. — Je n'ai vu personne, Monsieur.

Silence.

VLADIMIR. — Qu'est-ce qu'il fait, Monsieur Godot ? (*Un temps.*) Tu entends ?

GARÇON. — Oui Monsieur.

VLADIMIR. — Et alors ?

GARÇON. — Il ne fait rien, Monsieur.

Silence.

VLADIMIR. — Comment va ton frère ?

GARÇON. — Il est malade Monsieur.

VLADIMIR. — C'est peut-être lui qui est venu hier.

GARÇON. — Je ne sais pas Monsieur.

Silence.

VLADIMIR. — Il a une barbe, Monsieur Godot ?

GARÇON. — Oui Monsieur.

VLADIMIR. — Blonde ou... (*il hésite*) ...ou noire ?

GARÇON (*hésitant*). — Je crois qu'elle est blanche, Monsieur.

Silence.

VLADIMIR. — Miséricorde.

Silence.

GARÇON. — Qu'est-ce que je dois dire à Monsieur Godot, Monsieur ?

VLADIMIR. — Tu lui diras — (*il s'interrompt*) — tu lui diras que tu m'as vu et que — (*il réfléchit*) — que tu m'as vu. (*Un temps. Vladimir s'avance, le garçon recule, Vladimir s'arrête, le garçon s'arrête.*) Dis, tu es bien sûr de m'avoir vu, tu ne vas pas me dire demain que tu ne m'as jamais vu ?

Silence. Vladimir fait un soudain bond en avant, le garçon se sauve comme une flèche. Silence. Le soleil se couche, la lune se lève. Vladimir reste immobile. Estragon se réveille, se déchausse, se lève, les chaussures à la main, les dépose devant la rampe, va vers Vladimir, le regarde.

ESTRAGON. — Qu'est-ce que tu as ?

VLADIMIR. — Je n'ai rien.

ESTRAGON. — Moi je m'en vais.

VLADIMIR. — Moi aussi.

Silence.

ESTRAGON. — Il y avait longtemps que je dormais ?

VLADIMIR. — Je ne sais pas.

Silence.

ESTRAGON. — Où irons-nous ?

VLADIMIR. — Pas loin.

ESTRAGON. — Si si, allons-nous-en loin d'ici !

VLADIMIR. — On ne peut pas.

ESTRAGON. — Pourquoi ?

VLADIMIR. — Il faut revenir demain.

ESTRAGON. — Pour quoi faire ?

VLADIMIR. — Attendre Godot.

ESTRAGON. — C'est vrai. (*Un temps.*) Il n'est pas venu ?

VLADIMIR. — Non.

ESTRAGON. — Et maintenant il est trop tard.

VLADIMIR. — Oui, c'est la nuit.

ESTRAGON. — Et si on le laissait tomber ? (*Un temps.*) Si on le laissait tomber ?

VLADIMIR. — Il nous punirait. (*Silence. Il regarde l'arbre.*) Seul l'arbre vit.

ESTRAGON (*regardant l'arbre*). — Qu'est-ce que c'est ?

VLADIMIR. — C'est l'arbre.

ESTRAGON. — Non, mais quel genre ?

VLADIMIR. — Je ne sais pas. Un saule.

ESTRAGON. — Viens voir. (*Il entraîne Vladimir vers l'arbre. Ils s'immobilisent devant. Silence.*) Et si on se pendait ?

VLADIMIR. — Avec quoi ?

ESTRAGON. — Tu n'as pas un bout de corde ?

VLADIMIR. — Non.

ESTRAGON. — Alors on ne peut pas.

VLADIMIR. — Allons-nous-en.

ESTRAGON. — Attends, il y a ma ceinture.

VLADIMIR. — C'est trop court.

ESTRAGON. — Tu tireras sur mes jambes.

VLADIMIR. — Et qui tirera sur les miennes ?

ESTRAGON. — C'est vrai.

VLADIMIR. —- Fais voir quand même. (*Estragon dénoue la corde qui maintient son pantalon. Celui-ci, beaucoup trop large, lui tombe autour des chevilles. Ils regardent la corde.*) A la rigueur ça pourrait aller. Mais est-elle solide ?

ESTRAGON. — On va voir. Tiens.

*Ils prennent chacun un bout de la corde et
tirent. La corde se casse. Ils manquent de tomber.*

VLADIMIR. — Elle ne vaut rien.

Silence.

ESTRAGON. — Tu dis qu'il faut revenir demain ?

VLADIMIR. — Oui.

ESTRAGON. — Alors on apportera une bonne
corde.

VLADIMIR. — C'est ça.

Silence.

ESTRAGON. — Didi.

VLADIMIR. — Oui.

ESTRAGON. — Je ne peux plus continuer comme ça.

VLADIMIR. — On dit ça.

ESTRAGON. — Si on se quittait ? Ça irait peut-
être mieux.

VLADIMIR. — On se pendra demain. (*Un
temps.*) A moins que Godot ne vienne.

ESTRAGON. — Et s'il vient ?

VLADIMIR. — Nous serons sauvés.

*Vladimir enlève son chapeau — celui de Luc-
ky — regarde dedans, y passe la main, le secoue,
le remet.*

ESTRAGON. — Alors on y va ?

VLADIMIR. — Relève ton pantalon.

ESTRAGON. — Comment ?

VLADIMIR. — Relève ton pantalon.

ESTRAGON. — Que j'enlève mon pantalon ?

VLADIMIR. — RE-lève ton pantalon.

ESTRAGON. — C'est vrai.

Il relève son pantalon. Silence.

VLADIMIR. — Alors on y va ?

ESTRAGON. — Allons-y.

Ils ne bougent pas.

RIDEAU

DATE DUE

Pozzo (*à Vladimir*). — Et vous, monsieur ?

Vladimir. — Ce n'est pas folichon.

Silence. Pozzo se livre une bataille intérieure.

Pozzo. — Messieurs, vous avez été... (*il cherche*) ... convenables avec moi.

Estragon. — Mais non !

Vladimir. — Quelle idée !

Pozzo. — Mais si, mais si, vous avez été corrects. De sorte que je me demande... Que puis-je faire à mon tour pour ces braves gens qui sont en train de s'ennuyer ?

Estragon. — Même un louis serait le bienvenu.

Vladimir. — Nous ne sommes pas des mendiants.

Pozzo. — Que puis-je faire, voilà ce que je me dis, pour que le temps leur semble moins long ? Je leur ai donné des os, je leur ai parlé de choses et d'autres, je leur ai expliqué le crépuscule, c'est une affaire entendue. Et j'en passe. Mais est-ce suffisant, voilà ce qui me torture, est-ce suffisant ?

Estragon. — Même cent sous.

Vladimir. — Tais-toi !

Estragon. — J'en prends le chemin.

Pozzo. — Est-ce suffisant ? Sans doute. Mais

je suis large. C'est ma nature. Aujourd'hui. Tant
pis pour moi. (*Il tire sur la corde. Lucky le regarde.*) Car je vais souffrir, cela est certain. (*Sans
se lever, il se penche et reprend son fouet.*) Que
préférez-vous ? Qu'il danse, qu'il chante, qu'il
récite, qu'il pense, qu'il...

ESTRAGON. — Qui ?

POZZO. — Qui ! Vous savez penser, vous
autres ?

VLADIMIR. — Il pense ?

POZZO. — Parfaitement. A haute voix. Il
pensait même très joliment autrefois, je pouvais
l'écouter pendant des heures. Maintenant... (*Il
frissonne.*) Enfin, tant pis. Alors, vous voulez
qu'il nous pense quelque chose ?

ESTRAGON. — J'aimerais mieux qu'il danse, ce
serait plus gai.

POZZO. — Pas forcément.

ESTRAGON. — N'est-ce pas, Didi, que ce serait
plus gai ?

VLADIMIR. — J'aimerais bien l'entendre penser.

ESTRAGON. — Il pourrait peut-être danser
d'abord et penser ensuite ? Si ce n'est pas trop
lui demander.

VLADIMIR (*à Pozzo*). — Est-ce possible ?